POLYGLOTT-REISEFÜHRER

Tessin

mit Lago Maggiore, Luganer See und Comer See

*Mit 57 Illustrationen
sowie 27 Karten und Plänen*

POLYGLOTT-VERLAG

MÜNCHEN

Herausgegeben von der Polyglott-Redaktion
Verfasser: Hans Strelocke und Eugen Hüsler
Zeichnungen: Ib Withen, Franz Huber, Gert Oberländer
Umschlag: Prof. Richard Blank

*

Wir danken dem Schweizer Verkehrsbüro in Frankfurt/M., dem Ente Ticinese per il Turismo in Bellinzona sowie den örtlichen Verkehrsbüros für die uns bereitwillig gewährte Unterstützung.
Ergänzende Anregungen, für die wir jederzeit dankbar sind, bitten wir zu richten an:

Polyglott-Verlag, Redaktion, Postfach 40 11 20, 8 München 40.
Alle Angaben (ohne Gewähr) nach dem Stand Oktober 1981.

*

Zeichenerklärung:

✈ Flugverbindungen   ⛴ Eisenbahnverbindungen
🚌 Autobusverbindungen   ⛴ Schiffsverbindungen
🚠 Bergbahnen
🏨 Erstklassige Hotels   🏨 Gute Hotels
🏠 Einfache Hotels und Pensionen
⚠ Jugendherbergen   ⚠ Campingplätze

Die in eckigen Klammern stehenden Ziffern decken sich mit den auf den Plänen eingezeichneten Ziffern.

Kilometerangaben hinter Ortsnamen zeigen die Entfernung vom Beginn der jeweiligen Route aus an.

*

Aussprache des Italienischen:

c vor *a, o, u* und Konsonanten wie k,   *gli* vor Vokalen wie lj
　　vor *e* und *i* wie tsch   *gn* wie nj
ch (nur vor *e* und *i*) wie k   *sc* vor *a, o, u* wie sk,
ci (nur vor *a, o, u*) wie tsch (ohne i!)   　　vor *e* und *i* wie sch
g vor *a, o, u* und Konsonanten wie g,   *sch* (nur vor *e* und *i*) wie sk
　　vor *e* und *i* wie dsch   *sci* (nur vor *a, o, u*) wie sch
gh (nur vor *e* und *i*) wie g   *v* wie w
gi vor *a, o, u* wie dsch (ohne i)

Betont werden die Wörter meist auf der vorletzten Silbe. Die italienische Rechtschreibung gibt nur die Betonung der letzten Silbe durch den Akzent ` an (Forlì, Salò).

*

13. Auflage · 1982/83
© 1964 by Polyglott-Verlag Dr. Bolte KG, München
Printed in Germany / Druckhaus Langenscheidt, Berlin / Bw. XI. Zb.
ISBN 3-493-60741-5

Lugano mit Blick auf den Monte Brè

Land und Leute

Zwar wird das Tessin die „Sonnenstube der Schweiz" genannt, um damit das milde, subtropische Klima und die südländischen Vegetationsformen zusammenfassend zu charakterisieren; doch als Landschaftsform ist das Tessin alles andere als ausgeglichen. Wie in den anderen Alpengegenden die großen Längstäler sanft in die südlichen Ebenen auslaufen – und mit ihnen Straßen und Eisenbahnlinien –, so ist auch das Tessin gut zugänglich. Durch das wildromantische Centovalli führen eine gute Straße und eine Bahnlinie (Domodossola–Simplon). Der Monte Ceneri hat eine mehrspurige Straße.

Auch nach Norden enden die Täler an den Barrieren der Hochalpen, die nur durch die Paßtore geöffnet sind, so den *St.-Gotthard-Paß*, den *Lukmanier-Paß*, den *San-Bernardino-Paß* und — in Verlängerung des *Centovalli* durch die Ebene um *Domodossola* — den *Simplon-Paß*.

Ohne diese Paßwege wäre das Tessin wahrscheinlich bis heute eines der abgelegensten Gebiete Europas geblieben. Aber gerade sie beeinflußten weitgehend das Schicksal des Landes: der *San-Bernardino-Paß* war römische Kurierstraße, über den *Lukmanier-Paß* ritten Hohenstaufenkaiser, um gegen sich auflehnende italienische Städte vorzugehen und über den *St.-Gotthard-Paß*, die Achse der Urschweiz, zogen seit dem 12. Jahrhundert Menschen aus dem Norden der Schweiz und Europas in die „ambrosianischen Täler" und verteidigten sie in jahrhundertelangen erbitterten und wechselvollen Kämpfen gegen Mailands Herzöge, bis das Zeitalter *Napoleons I.* dem Tessin Freiheit und Unabhängigkeit brachte.

Bis heute sind die genannten Paßstraßen von Norden her die einzigen bedeutenden Zufahrtswege ins Tessin, und auch Eisenbahnlinien, Autostraßen und Tunnel folgen ihrem Lauf.

Das *Leventina-Tal* vom St.-Gotthard-, das *Blenio-Tal* vom Lukmanier- und das *Mesolcina-Tal* vom San-Bernardino-Paß treffen bei der Hauptstadt des Tessins, *Bellinzona*, zusammen; dort entlassen sie fächerförmig Verkehrswege, die zu den Tal- und Seeorten führen.

Das vom Alpenhauptkamm nach Süden abfließende Wasser folgt diesen Tälern, und der bedeutendste Fluß dieses Gebietes, der *Tessin*, hat diesem Schweizer Kanton seinen Namen gegeben. Bezeichnenderweise sind alle Paßhöhen vor dem Kanton Tessin

3

Wasser-, Sprach- und Architekturform-Scheiden, und jeder Besucher des Tessins wird auf dem Wege dorthin zum Beispiel die zuletzt genannte Tatsache schnell erkennen: weitgehend Holzarchitekturen im Norden der Pässe, im Tessin aber Natursteinbauten, unverputzt, düster oder farbig (weiß, rosa), verputzt oder gekalkt.

Das gibt den Orten ein strenges, herbes und oftmals ärmliches Aussehen. Erst die helle Landschaft ringsum, das ausgeglichene Klima und die fast immer scheinende Sonne vermögen diesen Eindruck zu verwischen. Abgesehen von den Haupttouristenorten ist das Bergland des Tessins ein Gebiet, in dem sich die Menschen sehr mühen müssen, um dem kärglichen Boden das Nötigste abzugewinnen. Daß die wenigen guten Schwemmlandböden müheloser gute Erträge abwerfen, ändert an dem Gesamtbild wenig.

Touristische Zentren ersten Ranges sind die Seen des Tessins, von denen der *Luganer See* und der *Lago Maggiore* nicht völlig auf Schweizer Gebiet liegen, aber, wie auch der *Comer See*, den wir abschließend beschreiben, südländischen Charakter haben.

Wenn wir auch noch diese angrenzenden italienischen Seengebiete und die Stadt *Mailand* beschreiben, so beruht das auf der Erfahrung, daß viele Touristen, die das Tessin bereisen, meist an oder um diese Seen fahren und auch auf einem Tagesausflug Mailand besuchen.

Das Tessin kann man aber erst richtig erleben, wenn man neben den Seen auch die Höhen und Täler aufsucht und die Kunstwerke in Kirchen und Kapellen, an Hauswänden oder in Museen besichtigt.

Dieser Reiseführer soll Ihnen helfen, die Landschaft und Menschen des Tessins möglichst gut kennenzulernen.

Die Schweiz und das hier behandelte Gebiet

Geschichtlicher Überblick

In der *Bronzezeit* wurden *ligurische* Stämme am *Lago Maggiore*, am *Luganer See* und auf befestigten Plateaus an den großen Talausgängen seßhaft.

In der *Eisenzeit* folgten ihnen *keltische* Volksstämme, die weite Gebiete des heutigen Tessins dicht besiedelten.

Seit dem *1. Jahrhundert v. Chr.* kamen römische Siedler ins Land. *Cäsar* und *Augustus* eroberten die Länder der *Helvetier* und machten sie zu einem Teil des römischen Imperiums. Die römische Vorherrschaft dauerte bis zur Zeit der Völkerwanderung.

Im 5. Jahrhundert breitete sich das *Christentum* im Tessin aus; *Mailand* und *Como* waren abwechselnd die zuständigen Bischofssitze.

Im 12. Jahrhundert wanderten adelige Lombarden-Familien (*Orelli, Muralti, Magori*) ins Tessin ein und regierten in den folgenden Jahrhunderten von *Locarno* aus dessen weitere Umgebung. Gleichzeitig bildeten sich ländliche Talgemeinden, die sich in der „Freiheits-Charta von Biasca" Unabhängigkeit gelobten.

1164 Kaiser *Friedrich I. Barbarossa* vergibt Lehen und Marktrechte an *Locarno, Agno* und an adelige Grundherren (*Capitani*).

1239 Nachdem das Tessin in die politischen Händel der *Lombardei* hereingezogen wurde, erhebt sich *Simone Orelli* aus Locarno gegen Como, erobert das mit Como verbündete Bellinzona und siegt 1245 über König *Enzio* bei *Garganzolo*.

1260 Comos Armee erobert Locarno und brennt es nieder.

1342 Die Mailänder *Visconti* erobern Como und unterwerfen das ganze Tessin. Eine Mailänder Flotte fährt den Lago Maggiore hinauf und zerstört — das inzwischen wieder aufgebaute — Locarno. Die Macht der *Capitani* wird gebrochen.

1439 *Filippo Maria Visconti* schenkt Locarno und Teile des Tessins dem Grafen *Franchino Rusca*. — In den nun folgenden italienischen Kriegen um das Herzogtum Mailand werden die Waffentaten Schweizer Söldner („Reisläufer") aus den Urkantonen kriegsentscheidend.

1478 Mailand verzichtet nach der Niederlage bei *Giornico* auf das *Valle Leventina; Uri* besetzt das Tal.

1512 Die zwölf Kantone besetzen große Teile des Tessins mit Billigung und als Geschenk von *Franz I. von Frankreich*; u. a. besetzen sie auch die „ambrosianischen Täler", Bellinzona, Locarno und Lugano.

1516 Gemeinsam verwalten die Eidgenossen das Tessin: Uri, Schwyz, Unterwalden regieren Bellinzona, das Riviera- und Blenio-Tal; die dreizehn „alten Orte" regieren Lugano, Locarno, die Valle Maggia und Mendrisio.

1555—76 In den Reformationswirren wandern viele protestantisch gewordene Tessiner Patrizierfamilien in die Nordschweiz aus. — Von 5000 Einwohnern Locarnos überleben nur knapp 700 eine Pestepidemie.

1648 Im *Westfälischen Frieden* scheidet die Schweiz aus dem deutschen Reichsverband aus und wird als unabhängiger Staat anerkannt.

1798 *Napoleon I.* erobert die Schweiz und errichtet die *Helvetische Republik*.

1803 Die Eidgenossenschaft wird wiederhergestellt und das Tessin aus der Landvogtei zum Kanton erhoben. als ein „freies, gleichberechtigtes Glied der Eidgenossenschaft".

1815 Die Schweiz erhält im *Frieden von Paris* die Zusicherung immerwährender Neutralität.

1848 Gleichzeitig mit der Umwandlung aus einem Staatenbund in einen Bundesstaat erhält die Schweiz eine moderne Verfassung.

1874—1914 Das allgemeine Wahlrecht für Männer wird in der ganzen Schweiz eingeführt. Industrie und Verkehr nehmen einen raschen Aufschwung.

1914—18 Im Ersten Weltkrieg bleibt die Schweiz neutral.

1925 Die *Konferenz von Locarno* bemüht sich im Interesse der Stabilisierung des Friedens in Europa um eine Annäherung zwischen Deutschland und Frankreich (*Stresemann, Briand* u. a.).

1939–45 Auch im Zweiten Weltkrieg bewahrt die Schweiz ihre Neutralität.

Nach dem Kriege wird die Schweiz Schauplatz zahlreicher internationaler Konferenzen und Sitz internationaler Organisationen.

1971 Die Schweiz räumt auch den Frauen das allgemeine Wahlrecht ein.

1978 Durch Volksabstimmung wird der Kanton Jura gegründet.

Aus der Kunstgeschichte

Im Tessin kommt vor allem der italienische Einfluß auf die schweizerische Kunst zum Ausdruck.

Aus frühchristlicher Zeit stammt das achteckige Baptisterium (5./6. Jh.) in *Riva San Vitale*, am Südende des Luganer Sees. Karolingisch ist die kreisrunde kleine Kapelle *San Lucio* in *San Vittore*. In romanischem Stil erbaut wurden die Kirche *San Nicolao* in *Giornico* an der *St.-Gotthard-Straße* in der *Valle Leventina* und — etwas weiter südlich — in *Biasca* die Kirche *Santi Pietro e Paolo* (12. Jh.) und in *Bellinzona* die Kirche *San Biagio* mit wertvollen Fresken aus dem 14. und 15. Jahrhundert. Noch älter sind Teile von *Santa Maria di Calanca* (um 1000), und nur wenig später liegt der Baubeginn für *San Carlo* in *Negrentino* (11./12. Jh.) im *Blenio-Tal*. Die typischste romanische Kapelle mit freiliegender Gebälkkonstruktion, in der das Gewölbe ganz fehlt, ist *San Vigilio* beim Dorfe *Rovio* hoch über dem Luganer See; ähnlich ist der Bau der *San Mamette* von *Mezzovico* im *Val Vedeggio* südlich vom *Ceneri-Paß*.

Gotisch gestaltet sind in der Hauptsache Altarbilder und Altäre, so in *Chiggiogna* bei *Faido* im *Leventina-Tal* (16. Jh.) und die großartigen Schnitzaltäre in *Osogna* südlich von *Biasca*. Der eine entstand 1494 und soll von *Ivo Striegel* gearbeitet worden sein. Der andere Altar (16. Jh.) steht in der kleinen Kirche von *Curaglia* an der *Lukmanier-Paß-Straße*.

Aus der Zeit der Renaissance stammen die Fassaden der Stiftskirche *Santi Pietro e Stefano* in *Bellinzona*, dann vor allem jene der Kathedrale *S. Lorenzo* in *Lugano* und der der ehemaligen Klosterkirche *San Francesco* in *Locarno*. Von den Innengestaltungen im Stil der Renaissance seien das Tabernakel der vorgenannten *Michaelskirche* und ein Flügelaltar aus dem 15. Jahrhundert in der Kirche von *Somascona* nördlich von *Olivone* genannt.

Im Barock entstanden *San Martino* in *Soazza* (1640), *Santa Domenica* in *Causo* (1622) im *Calanca-Tal*, die herrliche Fassade der Kirche von *Lavertezzo* im *Val Verzasca* und im selben Tal in *Mergoscia* die Pfarrkirche mit Marien- und Heiligenfresken. Stuckarbeiten und Fresken werden verschwenderisch angebracht, und zwar nicht nur an sakralen Bauwerken, sondern auch an vielen Häusern, wie an der *Casa Baccalà* in *Brissago*, wo Portale und Balkon, und an der *Casa Fogliardi* (18. Jh.), wo die Fassade mit Stuckornamenten übersät zu sein scheint.

Von den vielen hervorragenden Barockkunstwerken des Tessins seien vor allem erwähnt: die Kirche in *Vico-Morcote*, die „Verkündigungskapelle" in *Capolago* und die Kirche *San Carpoforo* in *Bissone*.

Den umfangreichsten und für die Mehrzahl der Reisenden tiefsten Kunsteindruck vermitteln im Tessin die aus vielen Jahrhunderten stammenden Fresken. Wir finden sie nicht nur an Außenmauern, Innenwänden, Bögen und Decken kirchlicher Bauten, sondern auch in den Tälern an Wegemauern, an Hauswänden und in Nischen. Die Themen sind sehr vielfältig: sie umfassen fast alles, was die Bibel erzählt. Maria, das Geschehen um Jesus und die Verehrung der Apostel und Heiligen nehmen den breitesten Raum ein. Alles ist — bei einer rührenden Einfachheit — künstlerisch gestaltet, und es fällt schwer, besonders bemerkenswerte Fresken auszuwählen. Wir nennen daher nur die an der *Chiesa Rossa* (1500) in *Arbedo*, die Allegorien in *Santa Maria del Castello* in *Mesocco*, die „Apostelfresken" aus dem 12. Jahrhundert in *San Giorgio* in *Castro* und die vielen Bilder (12. Jh.) in der Kirche von *Negrentino* und in der romanischen *Sankt-Remigius-Kapelle* bei *Dongo*. *San Bernardo* oberhalb von *Monte Carasso* gilt vielen als die anmutigste Bergkapelle des Tessins; die winzige Kapelle in *Fosana* auf dem Weg ins Tal nach *Indemini* ist eine der am reichsten mit Fresken geschmückten Kapellen. Von den vielen Dorf- und Bergkirchen in den Tälern des Tessins erwähnen wir die fast vergessene Kirche *Santa Maria delle Grazie di Campagna* (1528) in der *Maggia*. Einst war sie die Hauptkirche der *Valle Maggia*, und ihre Fresken sind die vollendetsten in der Gegend von Locarno.

Ungenannt bleiben müssen hier die zahlreichen Kirchen und Kapellen, die am Rande unserer Wege durch das Tessin liegen, die wir jedoch im Verlauf der einzelnen Routen besonders hervorheben.

Fahrpreise

Mit der Eisenbahn

Von	Nach		Lugano DM
Frankfurt/M. über Basel	1. Kl.	E	152,60
		R	254,20
	2. Kl.	E	101,—
		R	168,20
Hamburg über Basel	1. Kl.	E	275,60
		R	464,20
	2. Kl.	E	183,—
		R	308,20
Köln über Basel	1. Kl.	E	194,60
		R	326,20
	2. Kl.	E	129,—
		R	216,20
München über Lindau	1. Kl.	E	139,10
		R	231,—
	2. Kl.	E	93,50
		R	156,—
			öS
Innsbruck via Buchs	1. Kl.	E	1340,—
		R	2490,—
	2. Kl.	E	905,—
		R	1680,—
Wien via Buchs	1. Kl.	E	740,—
		R	1290,—
	2. Kl.	E	500,—
		R	880,—

E = einfache Fahrt.
R = Hin- und Rückfahrt.

Fahrausweise

Einfache Fahrkarten gelten 1 Tag (bis zu einer Distanz von 36 km) bzw. 2 Tage, Rückfahrkarten haben eine Gültigkeitsdauer von 1 Tag (bis 36 km) bzw. 10 Tagen; gegen Aufpreis ist eine Verlängerung um 7 bzw. 14 Tage möglich. Kinder bis 6 Jahre haben freie Fahrt, im Alter von 6 bis 16 Jahren bezahlen sie die Hälfte.

Rückfahrkarten

Auf allen deutschen und schweizerischen Strecken wird beim Kauf der zwei Monate gültigen Internationalen Rückfahrkarten eine erhebliche Preisermäßigung gewährt; Fahrtunterbrechung ist beliebig oft gestattet.

Ferienbilletts

Besonders günstig sind die Ferienbilletts, deren Preis sich aus einer Grundtaxe (32 sfr für die II. Klasse, 48 sfr für die I. Klasse) und einem ermäßigten Streckenfahrpreis zusammensetzt. Das Ferienbillett berechtigt außerdem zu fünf verbilligten Ausflügen mit Bahn, Schiff und Postauto. Normale Gültigkeitsdauer 1 Monat (kann dreimal um 10 Tage verlängert werden).

Schweizer Ferienkarte

Vor Antritt der Reise in die Schweiz kann man beim Reisebüro die „Schweizer Ferienkarte" beziehen. Sie gestattet beliebig viele Fahrten mit Bahn, Schiff und Postauto nach allen wichtigen Ferienorten; daneben hat man auf Bergbahnen Ermäßigungen von 25 bis 50%. Preis für acht Tage 125 sfr, für 15 Tage 165 sfr, für einen Monat 225 sfr (Angaben für 2. Klasse).

Mit dem Flugzeug

Nach		Zürich 2. Klasse	Zürich Wochenend-Spezial		Mailand 2. Klasse	Mailand Wochenend-Spezial
Von		DM	DM		DM	DM
Berlin	E	432,—		E	576,—	
	R	864,—	490,—	R	1046,—	658,—
Düsseldorf	E	314,—		E	424,—	
	R	628,—	314,—	R	770,—	460,—
Frankfurt/M.	E	237,—		E	378,—	
	R	474,—	237,—	R	681,—	408,—
Hamburg	E	467,—		E	576,—	
	R	934,—	471,—	R	1046,—	625,—
München	E	186,—		E	329,—	
	R	372,—	186,—	R	598,—	359,—
		öS	öS		öS	öS
Wien	E	2880,—		E	3780,—	
	R	5760,—	2880,—	R	6920,—	3170,—

Praktische Hinweise

Alpenpässe

Verschiedene Alpenpässe sind bereits ab Mai, einige erst ab Juni befahrbar. Nähere Angaben erteilen die Schweizer Automobilclubs oder Tel 163.

Von Juni bis Oktober sind geöffnet: *St.-Gotthard-Paß*, 2108 m, Maximalsteigung 8 %; *San-Bernardino-Paß*, 2063 m, Maximalsteigung 9 % und der *Lukmanier-Paß*, 1920 m, dessen Maximalsteigung ebenfalls 9 % beträgt. – Der San-Bernadino-Straßentunnel und der Gotthard-Straßentunnel sind ganzjährig befahrbar und gebührenfrei.

Autofahrer

Für private Kraftfahrzeuge werden bei der Einreise von Deutschland und Österreich in die Schweiz keine Grenzdokumente (*Triptik* oder *Carnet de Passages*) verlangt. Erforderlich sind jedoch Kraftfahrzeugpapiere, nationaler Führerschein und Nationalitätszeichen („D" usw.). Deutsche Kraftfahrer brauchen sich für die Einreise in die Schweiz die Internationale (grüne) Versicherungskarte *nicht* mehr.

In der Schweiz kostet z.Z. Normalbenzin 1,25 bis 1,32 sfr, Superbenzin 1,26 bis 1,32 sfr, Dieselöl (nicht an allen Tankstellen) zirka 1,30 sfr (Abweichungen nach oben und unten möglich).

Autoreisezüge

Im Hinblick auf die erheblichen Anfahrtswege aus dem norddeutschen Raum kann die Benützung eines Autoreisezuges vorteilhaft sein. Nach der Schweiz bestehen folgende Verlademöglichkeiten (nähere Auskünfte durch Reisebüros):

Hamburg/Hannover – Chiasso
Hamburg/Hannover – Chur/Engadin
Hamburg/Hannover – Lörrach
Berlin – Karlsruhe – Lörrach
Düsseldorf – Lindau
Düsseldorf – Lörrach
Düsseldorf – Domodossola

Bedienungs- und Trinkgelder

Seit 1974 gilt im Schweizer Gastgewerbe „service compris" (Bedienung inbegriffen).

Camping

Das Zelten ist in der Schweiz sehr verbreitet. Fast alle wichtigen Fremdenverkehrsorte haben offizielle Campingplätze, die in diesem Reiseführer mit dem Zeichen ⚠ vermerkt sind. Das vollständige Zeltplatzverzeichnis wird alljährlich vom *Schweizerischen Camping- und Caravaningverband, 6003 Luzern, Habsburgerstr. 35*, veröffentlicht. Im Tessin dürfen Jugendliche unter 18 Jahren nur in Begleitung Erwachsener, die für ihr Verhalten haften, zelten.

Devisenvorschriften

Schweizerische und ausländische Zahlungsmittel aller Art dürfen in unbeschränkter Höhe ein- und ausgeführt werden.

Geld

Die Münzeinheit ist der *Schweizer Franken* (*sfr* oder *fr*) = 100 *Rappen* (Rp) in der deutschsprachigen Schweiz bzw. *Centesimi* (*ct*) im Tessin. Wechselkurse: 100 DM = 85 sfr, 100 öS = 12 sfr. (aktuelle Kurse bei den Banken erfragen).

Im Umlauf sind Banknoten zu 1000, 500, 100, 50, 20 und 10 sfr, Münzen zu 5, 2 und 1 sfr, 50, 20, 10, 5 und 1 Rp. – Geldwechsel ist auch sonntags von 6–23 Uhr an allen größeren Bahnhöfen möglich.

Hunde

Für Hunde benötigt man bei der Einreise in die Schweiz ein tierärztliches Zeugnis, das die Schutzimpfung gegen Tollwut bescheinigt. Die Impfung muß mindestens 30 Tage vor dem Grenzübertritt erfolgt sein und darf nicht länger als ein Jahr zurückliegen.

Informationen

Auskunft über alle mit einer Reise ins Tessin zusammenhängenden Fragen erteilen: *Schweizer Verkehrsbüro, 6 Frankfurt/M., Kaiserstr. 23*, Tel. 236061, und Schweizer Verkehrsbüro, 1010 Wien, Kärntner Straße 20, Tel. 527405; die Schweizer Verkehrszentrale, 8027 Zürich, Bellariastraße 38, Tel. 01/2023737, und der Ente Ticinese per il Turismo, 6501 Bellinzona, Tel. 092/257056.

Jugendherbergen

Für ihre Benutzung sind auch die deutschen und österreichischen Jugendherbergsausweise gültig. Obere Altersgrenze ist das 25. Lebensjahr. Das Übernachtungsgeld je Person beträgt 3 bis 7 sfr. Dazu kommen in bestimmten Fällen verschiedene Zuschläge (Kur-, Tagestaxen, Heizung).

In diesem Führer sind alle an den beschriebenen Reiserouten gelegenen Jugendherbergen mit dem Zeichen △ aufgeführt. Ein Verzeichnis sämtlicher Schweizer Jugendherbergen kann beim

Schweizer Verkehrsbüro, 6 Frankfurt a.M., Kaiserstr. 23, oder beim *Schweizerischen Bund für Jugendherbergen*, Hochhaus 9, Po´stfach 132, 8958 Spreitenbach, bezogen werden.

Konsulate

Konsulate im Tessin:
6900 Lugano, Via Ariosto 1, Tel. 091/ 227882 (BR Deutschland).
6900 Lugano, Riva Caccia 1 d, Tel. 091/ 546161 (Österreich).

Schweizer Konsulate
5300 Bonn 2, Gotenstraße 156 (Botschaft).
1000 Berlin 21, Fürst-Bismarck-Straße 4.
4000 Düsseldorf 30, Cecilien-Allee 17.
6000 Frankfurt a. M. 17, Zürich-Hochhaus am Opernplatz, Postfach 174077.
7800 Freiburg, Holbeinstraße 9, Postfach 1507.
2000 Hamburg 13, Grindelberg 3, Postfach 2566.
8000 München 44, Leopoldstraße 33, Postfach 66.
7000 Stuttgart 1, Hirschstraße 22.
1030 Wien, Prinz-Eugen-Straße 7 und 9 (Botschaft).
6901 Bregenz, Römerstraße 35.

Ladenschluß

Die meisten Läden sind montags bis freitags von 8 bis 12.15 und von 13.30 bis 18.30 (samstags 8 bis 12.15 und 13.30 bis 16 Uhr) geöffnet. Viele Geschäfte sind am Montagvormittag geschlossen.

Postgebühren

Eine Postkarte nach der Bundesrepublik Deutschland oder Österreich ist mit 70 Rp, ein Brief (max. 20 g) mit 80 Rp zu frankieren.

Postsparkassendienst

Mit dem deutschen Postsparbuch können bis max. 2000 DM innert 30 Tagen auf allen Postämtern abgehoben werden.

Schiffahrt

Die meisten Dampferlinien auf den schweizerischen Seen kann man wahlweise auch mit Eisenbahnfahrkarten benutzen (s. S. 7, ,,Ferienbillett"). Empfehlenswert ist ein ,,See-Generalabonnement" auf dem *Luganer See*, mit dem man sieben Tage lang freie Fahrt auf allen Seedampferlinien hat. Ähnliche Abonnements für *Lago Maggiore* und *Comer See*.

Sommerzeit

Die Schweiz hat seit 1981 Sommerzeit.

Straßenverkehr

Auf Schweizer Straßen gelten die folgenden Geschwindigkeitsbeschränkungen:

innerorts max. 60 km/h, außerorts 100 km/h, auf Autobahnen 130 km/h. Für Fahrzeuge mit Anhänger besteht eine generelle Höchstgeschwindigkeit von 80 km/h. Spikes sind vom 1. 11. bis 31. 3. bei Tempo 80 km/h erlaubt. Auf Autobahnen und Schnellstraßen sind Spikes generell verboten.

Auf allen Bergstraßen ist größte Vorsicht geboten, besonders in Kurven und in Galerien oder Tunnels (Hupen). Der bergaufwärts Fahrende hat das Vorfahrtsrecht. Auf den mit dem Posthorn signalisierten Bergstraßen hat das Postauto stets Vorfahrt. Die SOS-Telefonstellen an den Bergstraßen stehen jedem Kraftfahrer unentgeltlich zur Verfügung (Tel. 140).

Es besteht Gurtpflicht.

Taxis

Der Fahrer erwartet ein Trinkgeld von etwa 15 % des Fahrpreises.

Unterkunft und Verpflegung

Die Schweizer Hotels genießen einen guten Ruf. Sie sind bekannt für ihre vielseitige Küche, Sauberkeit und eine aufmerksame Betreuung des Gastes. Die dem *Schweizer Hotelier-Verein (SHV)* angeschlossenen Betriebe werden in fünf Kategorien eingeteilt (***** bis *). Für eine Übernachtung (pro Person inkl. Frühstück, Bedienung und Taxen) bezahlt man in einem *****Hotel (⌂⌂ Luxus) 50–175 sfr, in einem ****Hotel (⌂⌂ 1) 40–140 sfr, in einem ***Hotel (⌂⌂ 2) 30–115 sfr, in einem **Hotel (⌂⌂) 24–80 sfr, in einem *Hotel (⌂) 20–55 sfr. Bei einem Aufenthalt von mindestens drei Tagen werden Pensionspreise gewährt, die außer den vollen Pension alle Nebenspesen enthalten und eine wesentliche Ersparnis bedeuten. Die Höhe des Pensionspreises schwankt, je nach Hotelkategorie, zwischen 20 und 150 sfr (pro Person).

Aus Platzgründen kann in diesem Führer nur eine beschränkte Anzahl von Hotels genannt werden. Ihre Auswahl stellt kein Werturteil dar.

Visum und Paß

benötigt man für eine Urlaubsreise (bis zu drei Monaten) nicht. Es genügt ein gültiger Personalausweis.

Zoll

Bei der Einreise in die Schweiz werden für den persönlichen Gebrauch bestimmte Gegenstände zollfrei zugelassen. Dazu gehören u.a. zwei Fotoapparate und zwei Amateurfilmkameras, fünf Rollfilme, zwei Schmalfilme, Campingausrüstung und Sportartikel.

Ferien im Tessin

Nicht die Hauptstadt des Kantons, *Bellinzona*, sondern die Seeorte *Locarno* und *Lugano* sind die Mittelpunkte des Fremdenverkehrs, und es ist müßig, darüber zu streiten, welche Stadt schöner gelegen ist und ihren Gästen mehr zu bieten hat.

Wenn man aber das *Tessin* und die drei Seen *Lago Maggiore*, *Luganer* und *Comer See*, dieses bedeutendste Reisegebiet der Südalpen, ohne Rücksicht auf die schweizerisch-italienische Grenze als touristische und verkehrsmäßige Einheit betrachtet, dann liegt *Lugano* am zentralsten und ist geradezu als Drehscheibe anzusehen.

Kaum irgendwo sonst hat man so viele Möglichkeiten, auf engstem Raum zu allen Jahreszeiten zwischen den wichtigsten Reise- und Erholungsarten zu wählen oder sie zu kombinieren: Badeferien an den Ufern der Seen, tiefe Einsamkeit in den Hochtälern südlich der großen Pässe, Bergbesteigungen und Gipfelfahrten bis in Höhen von über 2000 Metern, Kunstwerke aus vielen Epochen europäischer Architektur, Malerei und Plastik von namhaften oder unbekannt gebliebenen Meistern.

Seen

Im Städteteil unseres Reiseführers werden Sie mit *Locarno* und *Lugano* sowie deren näherer Umgebung und empfehlenswerten kleineren Ausflügen, die wenig Mühe oder Zeit beanspruchen, bekannt gemacht. Zusätzlich beschreiben wir drei Seerundfahrten und teilen Ihnen Wichtiges und Nützliches über die größeren Uferorte mit. Jede Seerundfahrt wird in der Regel ein Tagesausflug sein. An allen drei Seen gibt es Bade- und Campingplätze sowie Möglichkeiten für Wasserski, Tauchen und Fischen.

Hochtäler

Die einsamen Hochtäler sind die Hauptsehenswürdigkeiten des Tessiner Berglandes: einsame, oft höchst wilde oder romantisch beschauliche Täler mit heimeligen Dörfern, die sich um meist uralte Kirchen gruppieren. Von *Locarno* aus besucht man das malerische *Val Verzasca*, ferner das lange Hochtal der wilden *Maggia* bis zum Stausee von *Naret*, das liebliche *Val Onsernone* und das unwegsame *Centovalli*.

Von *Lugano* aus empfehlen wir Ihnen Ausflüge in die Landschaft des *Malcantone*, ins *Casserate-Tal* und in das *Val Colla*, zur *Collina d'Oro*, ins *Vedeggio-Tal* und in die südlichste Tallandschaft, das *Mendrisiotto*.

Endlich wird man auf der Fahrt ins oder vom Tessin eines der großen Verkehrstäler benutzen (*Valle Leventina*, *Val Blenio*, *Val Mesolcina*), und wir empfehlen Ihnen, auch dort die wichtigen Sehenswürdigkeiten zu besuchen.

Berggipfel

In den meisten der eben genannten Täler liegen auch die Ausgangsorte für Bergtouren, für die Besteigung von Berggipfeln oder Massiven, worauf wir im Verlaufe der Routenbeschreibungen jeweils hinweisen. Außerdem nennen wir die Durchschnittszeit, in der ein mäßig geübter Tourist sie besteigen kann.

Im Frühjahr, wenn es an den Seeufern bereits mit südlicher Pracht blüht, ist in größeren Höhen noch Wintersport möglich, und moderne Seilbahnen und Skilifts befördern Sportler in kurzer Zeit aus dem Frühling zurück in den Winter. Wir empfehlen die Plätze *Cardada-Cimetta* (oberhalb von *Locarno*), das *Sassina-Tal* (von *Lecco* aus), das Skigelände auf dem *Monte Mottarone* (oberhalb von *Stresa*) und die vielen Alpendörfer südlich der großen Pässe.

Kunststätten

In unseren Städte- und Routenbeschreibungen weisen wir Sie auf kunsthistorische Sehenswürdigkeiten hin, die Ihr besonderes Interesse verdienen und die Sie unbedingt besuchen sollten. Bedenken Sie dabei, daß das Tessin ein relativ kleines Gebiet ist und man die Zeit, die sich aus den kurzen Entfernungen ergibt, leicht für ein oft mühsames Aufsuchen von Ort und Gegenstand und für beschauliches Betrachten verwenden kann. Wuchtige Dome und bedeutende Museen fehlen ganz. Die Tessiner Kunstschätze, deren Feinheit und Wert im Detail liegen, sind meist in und an unscheinbaren, oft sogar verwahrlost aussehenden Häusern, Kirchen und Kapellen zu finden. Halten Sie an, wo es Ihnen nur möglich ist, denn fast alle alt aussehenden Gebäude bergen irgendwelche Kunstschätze, die ihren eigenen Wert ausstrahlen (siehe „Aus der Kunstgeschichte").

Zusammenfassend läßt sich sagen, daß das Tessin ein ruhiges, erholsames Reisegebiet ist, in dem man sich freut, Zeit zu haben, und wer es versteht, Landschaft, Mensch und Werke der Vergangenheit in sich zum Klingen zu bringen, wird, abseits von Alltag und Betrieb, von seinen Ferien im Tessin beglückt sein.

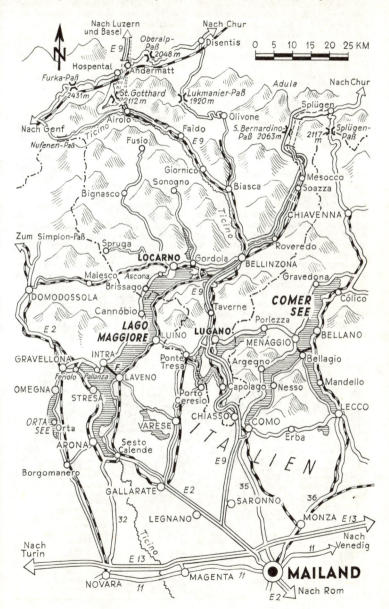

Locarno

(handwritten: Umgebung nächste Seite)

Locarno (15000 Einw.) liegt prachtvoll am Nordende des *Lago Maggiore*, am Fuß und Hang der *Cardada-Berge* und auf dem weit in den See hinausgeschobenen Mündungsdelta der wilden *Maggia*. Es ist mit einer Meereshöhe von 197 m die am tiefsten gelegene Stadt der Schweiz und vereinigt in einem südlichen Klima, das selbst im Winter als mild bezeichnet werden muß, alpine und mittelmeerische Lebensformen. Bei über 2300 Sonnenstunden im Jahr und einer mittleren Durchschnittstemperatur von 15,5 °C erreichen Niederschlagsmenge und Nebelbildung nur geringste Werte.

Ab Mitte März blühen bereits Azaleen, Kamelien, Mimosen, Glyzinien und Magnolien, dann Rosen, Agaven, Palmen, Oleander- und Olivenbäume. Während es in der Stadt und am See frühlingshaft blüht, kann man bei guten Schneeverhältnissen noch im März im Skigebiet *Cardada-Cimetta*, das nur 30 Fahrminuten entfernt liegt, Wintersport treiben. Spaziergänge in die nahe und Ausflüge sowie Bergtouren in die weitere Umgebung bieten sich von Locarno aus in Fülle an. Man kann sich aber natürlich auch auf den internationalen Kurbetrieb und die vielen Sportmöglichkeiten in der Stadt selbst beschränken.

Rundgang:
(Die in eckige Klammern gesetzten Zahlen decken sich mit den auf dem Stadtplan eingezeichneten.)

Wir beginnen den Weg an der Schiffsanlegestelle vor dem *Kasino* [1] und wenden uns zur *Piazza Grande* [2], die wir überschreiten. Rechts, der *Piazza* gegenüber, steht das *Schloß* [3], der Überrest einer *Visconti-Burg* aus dem 15. Jahrhundert, an der Stelle einer bereits 998 urkundlich erwähnten fünftürmigen Burg, die 1156 von den Mailändern zerstört wurde. Seit 1340 begannen die *Visconti*, eine mächtige Festung zu bauen, die mit Türmen und Wehrmauern von *Ascona* bis zum Eingang in das *Verzasca-Tal* reichte. Nach der Besetzung durch die Eidgenossen (1532) wurde sie weitgehend zerstört, und nur der heute vorhandene Gebäudeteil blieb erhalten. Besonders die Vorhalle und die Loggien, die geschnitzten gotischen Decken, die Fresken und die Wappen sind sehenswert. Das *Museo civico* zeigt neben vorgeschichtlichen und römischen Funden (u. a. kostbare römische Gläser) romanische Skulpturen aus der Kirche *San Vittore* sowie eine lokalgeschichtliche Sammlung. Ebenfalls im Schloß untergebracht sind das *Museo d'arte moderna* (*Hans Arp*, *Dadaismus*) und ein Gedenksaal der Friedenskonferenz von Locarno (1925).

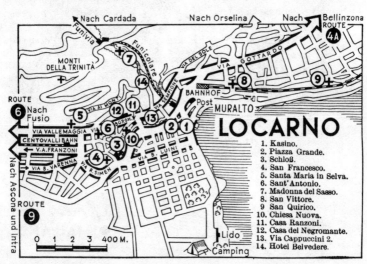

LOCARNO

1. Kasino.
2. Piazza Grande.
3. Schloß.
4. San Francesco.
5. Santa Maria in Selva.
6. Sant'Antonio.
7. Madonna del Sasso.
8. San Vittore.
9. San Quirico.
10. Chiesa Nuova.
11. Casa Ranzoni.
12. Casa del Negromante.
13. Via Cappuccini 2.
14. Hotel Belvedere.

Die Kirche *San Francesco* [4] finden Sie gleich hinter dem Schloß an der *Piazza San Francesco*. Im 14. Jahrhundert wurden der Chor und die achteckige Kuppel erbaut, um 1528 entstanden die gewölbten Seitenschiffe und das Mittelschiff mit der einfachen Decke aus freiliegendem Balkenwerk. 1538 wurde schließlich aus den Steinen des zerstörten und abgetragenen Schlosses die Fassade errichtet, an der man leicht Reste von Inschriften oder Teile alter Figuren feststellen kann. Die Kirche ist ein Teil des ehemaligen Franziskanerklosters, das vermutlich der *heilige Antonius von Padua* 1228 gegründet hat. Sehenswert ist im Refektorium die prächtige Ausmalung von *Baldassare Orelli* (1716). In den Klosterräumen ist heute ein Gymnasium untergebracht.

Wallfahrtskirche Madonna del Sasso

Bevor Sie *Sant'Antonio* besuchen, sollten Sie einen kleinen, aber sehr lohnenden Umweg zur nahezu vergessenen Kapelle *Santa Maria in Selva* [5] am gleichnamigen Friedhof machen. Die Lünetten und das gesamte Gewölbe der Kapelle sind mit leuchtenden Malereien aus der Zeit um 1400 (lombardische Schule) übersät; die Bilder der Seitenflächen stammen aus dem 15. und 16. Jahrhundert.

Die Kirche *Sant'Antonio* [6] ist vor allem wegen ihrer „Illusionsmalereien" — mit dem Pinsel vorgetäuschten Perspektiven — von *Orelli* besuchenswert. Die Figur „Der tote Heiland" auf dem Altar wird alljährlich in der Karfreitagsprozession durch die Straßen getragen.

Der Kirche gegenüber steht das Haus *Rusca*, ein typisches Locarneser Patrizierhaus aus dem 17. Jahrhundert, mit einem von gewölbten Rundgängen und Loggien gesäumten Brunnenhof. Nur ein paar Schritte entfernt, in der *Via Sant'Antonio* [6], steht ein ähnliches altes Haus, der *Palazzo Rusca-Bellerio*.

Die Wallfahrtskirche *Madonna del Sasso*, auf einer felsigen Anhöhe rund 150 m über dem Stadtkern von Locarno gelegen, erreicht man entweder mit dem Wagen von der *Piazza Sant'Antonio* über die kurvenreiche *Via ai Monti della Trinità* oder mit der Drahtseilbahn, die vom *Viale Stazione* regelmäßig (in der Nähe unseres Ausgangspunktes) alle 20 Minuten abfährt, oder zu Fuß auf der *Via Crucis*, einem schattigen Pfad, der durch eine Waldschlucht führt, vorbei an der Verkündungskapelle (1502). Dort liegt Bruder *Bartolomeo von Ivrea* begraben, dem 1480 die von Engeln umgebene Jungfrau Maria erschien; dies war der Anlaß zum Bau der Wallfahrtsstätte. Auf dem Weg zur Höhe beachten Sie das Schnitzwerk „Beweinung Christi" (16. Jh.)!

Madonna del Sasso [7], Kloster und Kirche zugleich, wird seit der Vertreibung der Franziskaner (1848) von Kapuzinern bewohnt. Sehenswert ist die Kirche, deren Schiff eigenartig niedrig gehalten ist. Es wirkt überfüllt von Votivtafeln und Schmuckornamenten aus dem 17. Jahrhundert. Die wichtigsten Kunstwerke sind in den Seitenkapellen zu finden: „Flucht nach Ägypten" (1520) von *Bramantino*, eine holzgeschnitzte und vergoldete Pietà, (15. Jh.), eine lombardische Terrakotta-Pietà aus dem 16. Jahrhundert, ein Verkündigungsaltar (1502) von *Bernardino Conti* und die „Grablegung Christi" (1865) von *Antonio Ciseri*. Das Marienbild auf dem Hochaltar stammt aus dem 15. Jahrhundert.

Versäumen Sie nicht, nach dem Verlassen der Kirche den Blick von der Loggia aus auf die Stadt, den See und die Berge zu genießen! Fahren Sie dann hinunter nach *Locarno*, um im Viertel von *Muralto* die Basilika *San Vittore* [8], den neben *San Nicolao* in *Giornico* (siehe S. 28) bedeutendsten romanischen Sakralbau des Tessins, zu besuchen (um 1100, Inneres im 17. und 19. Jh. umgestaltet). An der Südwand des Turmes (16. Jh.) befindet sich das Relief von *San Vittore* (heiliger Viktor), des Schutzpatrons der Stadt, der in der lateinischen Unterschrift gelobt: „Ich, Viktor, behüte mit Arm und Waffen Locarno und trete voll Demut vor den dreieinigen Gott, damit seine Gerechtigkeit den edlen Grafen und mächtigen Herrn Franchino Rusca und dessen Nachkommen beschirme." Besonders sehenswert ist unter der Basilika die romanische Krypta, deren Säulenkapitelle zu Tieren, Gesichtern und Pflanzenornamenten ausgearbeitet sind.

Auf dem Weg zurück zum Ausgangspunkt unseres Rundganges kommen wir jenseits der Bahngleise an den Resten des alten Schlosses von *Muralto* vorbei, die in neuere Gebäude einbezogen wurden.

Andere Sehenswürdigkeiten:

Wachtturm von *San Quirico* [9] an der Uferpromenade nach *Rivapiana*. Bis zum Beginn des 15. Jahrhunderts besaß *Locarno* einen befestigten Hafen sowie eine Kriegsflotte schneller Galeeren, und von diesem Turm aus wurde der See überwacht.

San Quirico

Die — richtiger „Himmelfahrtskirche Mariä" genannte — *Chiesa Nuova* [10], ein mit barocken Stuckarbeiten überladenes Bauwerk, wurde 1585 von *Cristoforo Orelli* errichtet. — Neben der *Chiesa Nuova* steht das Domherrenhaus (*Casa dei Canonici*), der frühere Orelli-Palast, mit einem schönen Arkadenhof aus dem 17. Jahrhundert. In derselben Straße, der *Via Citadella*, sehen Sie ein großes Stuckbildwerk des *heiligen Christophorus*, des Schutzheiligen des Ritters *Cristoforo Orelli*, mit dessen losem Lebenswandel sich Papst *Sixtus V*. in einer besonderen Bulle befassen mußte.

Andere beachtenswerte Patrizierhäuser aus der Zeit vom 15. bis zum 17. Jahrhundert: Haus *Ranzoni* [11] mit schönen Fresken von *Orelli* (18. Jh.) in der *Via Citadella*, Ecke *Via Marcacci*;

schräg gegenüber in der *Contrada Borghese* die *Casa del Negromante* [12] aus der Zeit um 1500, mit einem schönen Brunnenhof und Arkaden; in der *Via Capuccini 2* ein schönes Haus aus dem 17. Jahrhundert [13]; an der *Via al Sasso* das *Hotel Belvedere* [14], mit einem massiven Kamin, Stuckarbeiten und Deckenmalereien aus dem 17. Jahrhundert im Salon.

🚆 Bellinzona – Lugano/Gotthard – Luzern/Vira – Luino; Centovalli – Domodossola.

🚌 Ascona – Brissago – Stresa, Ronco, Valle Onsernone, Valle Maggia (Bosco/Gurin, Fusio, San Carlo, Cimalmotto), San Bernardo, Mergoscia, Val Verzasca.

🚠 Standseilbahn Madonna del Sasso, Luftseilbahn Cardada, Sessellift Cimetta, 5 Skilifte.

⛴ Uferorte am Lago Maggiore, kleine und große Rundfahrten.

Besonders zu erwähnen ist das „Regional-Ferienabonnement", das während 7 Tagen als Generalabonnement auf zahlreichen Buslinien (Santa Maria Maggiore, Cavergno, Brissago, Ronco, Orselina, Mergoscia, Cugnasco, Ascona, Minusio), der Standseilbahn Madonna del Sasso und den Schiffen der Navigazione Lago Maggiore (nur Schweizer Teil des Sees) gilt. Auf verschiedenen weiteren Autobus-, Bahn- und Schiffahrtslinien genießt man mit dem Ferienabonnement eine 25 bis 50prozentige Preisreduktion.

🏨 Luxus „La Palma au Lac".
🏨1 „Reber au Lac", „Park-Hôtel", „Muralto", „Quisisana".
🏨2 „Beau-Rivage", „Du Lac", „Belvédère", „Excelsior Parcolago" (garni).
🏨 „Rosa Seegarten", „Vallemaggia", „Camelia", „Palmiera", „Touring", „Rio" (garni), „Atlantico" (garni).
🏨 „Alexandra', „Villa Daniela" (garni).

Motels: „Riazzino", „Lago Maggiore" (beide in Riazzino, an der Straße nach Bellinzona), „La Betulla" (in Tegna, an der Straße ins Centovalli).

⛺ „Delta", „Lido-Mappo"; weitere Plätze in Tenero, Magadino, Ascona.

Unterhaltung: Täglich Konzert und Tanz im „Casino-Kursaal" und in mehreren Cafés und Hotels. Strandbad am Lido; Tennis; Wasserski; Golf. Von März bis Juni: Locarneser Frühlingskonzerte. Pfingsten: Blumenfest und Blumenkorso. Erste Augusthälfte: Internationales Filmfestival.

Umgebung von Locarno

Piazza ein großes Gratis-Risottoessen veranstaltet wird.

Von der Piazza am See aus besuchen wir nun die Hauptsehenswürdigkeiten von Ascona:

Peter-und-Paul-Basilika [2]. Die aus dem 16. Jahrhundert stammende Pfarrkirche zieren prachtvolle Malereien in den Gewölben und Meisterbilder von *Giovanni Serodine* (1594—1632), einem *Caravaggio*-Schüler: „Die Emmausjünger" und „Die Söhne des Zebedäus". Auf beiden Bildern haben dem Künstler Familienmitglieder Modell gestanden, und *Serodine* selbst hat sich einmal als Diener bei den Jüngern von Emmaus im Profil und dann kniend mit erhobenen Augen neben seinem Bruder und vor seiner Mutter porträtiert. Auch das Bild hinter dem Hochaltar, „Krönung Mariä", stammt von ihm.

1. Cimetta. Zu ihr führt eine bequeme Seilbahn vom See auf 1650 m Höhe hinauf: vom Bahnhof am *Viale Stazione* mit der Drahtseilbahn zur Endstation *Madonna del Sasso* (365 m; 6 Min.), Weiterfahrt in einer Kabinenseilbahn zum *Monte Cardada* (1350 m; 10 Min.), umsteigen in einen Sessellift zur *Cimetta* (1650 m; 5 Min.); großartige Fernsicht über den *Lago Maggiore* und die Alpenkette.

Im Winter ist hier ein ideales Skigelände mit Pisten von 20 bis 40 % Gefälle, mehreren Skiliften und einer Skischule; schneesicher ist es auf den Südhängen von Weihnachten bis März, auf den Nordhängen bis Mitte April.

2. Rivapiana. Dorthin führt ein — für Motorfahrzeuge verbotener — Spazierweg am Seeufer entlang (3 km), unterhalb der weißen Barockkirche *San Quirico* bis zur *Cà di Ferro*, die wir auf Seite 36 beschreiben. — Die Rückfahrt ist ab *Minusio* auch mit dem Autobus möglich.

3. Ascona ist am günstigsten (in 10 Min.) mit dem Autobus zu erreichen. Es ist der Schwesterort von *Locarno* und mit diesem fast zusammengewachsen. Das mondäne Leben während der Film- und Musikfestwochen und die luxuriösen Villen konnten die mittelalterliche Schönheit der engen Gassen des schon 754 genannten Fischerdorfes mit seinen alten Kirchen und Häusern nicht verdrängen. Erwähnt sei, daß in der Fastnachtszeit auf der

Casa Serodine [1], unmittelbar unterhalb der Pfarrkirche, ein palastähnliches Gebäude, vom Bruder des Malers, *Battista Serodine* errichtet. Die an sich nüchterne Fassade ist reich mit Stukkaturen und Friesen geschmückt, und Ausführung sowie Anordnung der Figuren über den Fenstern erinnern lebhaft an die Medici-Gräber in Florenz. Am Ende der *Piazza*, zum *Lido* hin, stehen links in einer Seitengasse die *Casa San Cristoforo* [3] (schöner Hof; häufig Gemäldeausstellungen) und das *Castello dei Ghiriglioni* [5],

1. Casa Serodine.
2. Peter-und-Paul-Basilika.
3. Casa San Cristoforo.
4. Santa Maria della Misericordia.
5. Castello Ghiriglioni

heute Hotel. Im Bogen der *Via Circonvallazione* oder die *Via delle Capelle* entlanggehend, kommen wir zur Marienkirche.

Santa Maria della Misericordia [4] ist in strengem Baustil errichtet, aber an allen Wänden und Decken von Künstlern aus Gotik und Renaissance mit Fresken (1395–1516) geschmückt. Beachten Sie im Chor die mehr als 60 kleinen Szenenbilder aus der Bibel, gemalt in der Art lombardischer Miniaturen. In einem Spitzbogen über dem Kircheneingang finden Sie das Wandbild der *Madonna della Misericordia* (mit Schachbrettfußboden).

Vom Kirchenschiff gelangt man nach rechts durch eine Tür in den von zweistöckigen Arkaden umgebenen und mit Palmen bestandenen Hof und Kreuzgang des päpstlichen Kollegiums.

Ronco und Porto Ronco

Locarno und Maggia-Delta

Es wurde 1580 von *Bartolomeo Papio* gegründet und 1584 von *Karl Borromäus* durch strenge Satzungen neu organisiert. Es galt als das Zentrum der Gegenreformation im Tessin. Heute wohnen hier Benediktiner aus dem Kloster *Einsiedeln*.

Gegenüber der Post führt die *Strada di Collina* direkt hinauf zum *Monte Verità*, den man auch auf einem kleinen Umweg über die Kapelle *Madonna della Fontana Parlengora* erreichen kann. Sie steht an der Stelle, wo der Überlieferung nach im 15. Jahrhundert die Gottesmutter die Bitte einer taubstummen Hirtin um Wasser für ihre Ziegen erhörte, eine Quelle entspringen ließ und die Zunge der Stummen löste. Die Brüder *Serodine* entwarfen die Wallfahrtskapelle, verzierten sie und malten sie aus.

Monte Verità (334 m), oberhalb von Ascona, war früher ein abgelegener Ort. Um die Jahrhundertwende wurde er zum Refugium einer deutschen Vegetariersekte. Heute ist er ein schön gelegener Villenort mit Hotel, Sanatorium und weitem Blick über den See (Aufstieg 15 Min.).

⛫ (Luxus) „Delta", „Eden Roc".
⛫ 1 „Ascona", „Casa Berno".
⛫ 2 „Bellaria", „La Perla", „Moro", „Polo", „Al Porto' (garni).
⛫ „Arancio', „Basilea", „Ticino', „Golf ' (garni), „Piazza au Lac" (garni).
⛺ „San Michele au Lac".
△ „La Palma", „Segnale".

4. Rundfahrt Ascona – Ronco – Losone (17 km). Auf der Straße *Nr. 13* fahren wir durch den Vorort *Solduno*. 1938/39 fand man hier Gräber aus der Eisenzeit und aus der römischen Epoche Münzen, Becher und Töpfereien. Wir kreuzen die *Maggia* und biegen links ab nach *Ascona* (siehe S. 15). Wir bleiben auf der Seeuferstraße, die bis zur

16

italienischen Grenze die „Tessiner Riviera" entlangführt (Villen bekannter Künstler, Industrieller usw.). Gegenüber, am anderen Seeufer, liegen der *Monte Gambarogno* (1738 m) und die Orte *Gerra* und *San Nazzaro*. Halblinks sehen wir vor uns im See die *Brissago-Inseln* (siehe S. 46).

In *Porto Ronco* biegen wir nach rechts auf die Bergstraße ab, die in Kehren nach *Ronco* (355 m) hinaufführt; vom Kirchvorplatz schöner Blick auf See und Inseln. In der Kirche befindet sich über dem Hauptaltar das Gemälde „St. Martin" von *Antonio Ciseri*, der 1821 in *Ronco* im Haus neben der Kirche geboren wurde. Die Mehrzahl seiner Bilder hängt in der *Galleria Pitti* in *Florenz* und in der Kirche *Madonna del Sasso* in *Locarno*. Auf der Weiterfahrt in Richtung *Losone* hat man von den Hängen der *Corona dei Pinci* (1297 m), auf denen sich die Höhenstraße von *Ronco* entlangschlängelt, schöne Fernblicke. Hat man die Berghänge am *Maggia-Tal* erreicht, geht es wieder hinab und über die *Maggia* und *Solduno* zurück nach *Locarno*.

5. San Bernardo. Ausfahrt von Locarno auf der *Via ai Monti della Trinità* und in Kehren aufwärts bis zur Post kurz vor *Madonna del Sasso*; dort ohne in Richtung *Monte Brè* weiter bergauf; weite Sicht über das *Maggia-Delta* und die Ebene des *Pedemonte* bis zum Beginn der *Centovalli* bei *Intragna*. Die Straße steigt auf 1004 m Höhe an und erreicht das Dorf *Monte Brè*, das als Ausflugsort auch von Einheimischen viel besucht wird. Die Aussicht ist großartig. — Bald darauf erreichen wir *San Bernardo*, von wo aus man zur *Cimetta* (1671 m) und zum *Poncione Trosa* (1869 m) hinaufsteigen kann. Bestes Panorama: von der kleinen Kapelle über dem Ort (7 Min. Fußweg).

6. Indemini (30 km). Von Locarno aus fahren wir um das Nordende des *Lago Maggiore* über *Gordola* und *Quartino* nach *Magadino*. Aus der Schule des *Luini* findet man dort in der Kirche die beiden Gemälde (16. Jh.) „Heiliger Bernardino" und „Heilige Caterina". — Am Steilhang des *Gambarogno* entlang führt die Straße nach *Vira*, von wo aus sich nun steile und enge Serpentinen durch Feigen-, Nuß- und Kastanienwälder hinaufwinden. *Fosano*, auf einer Hangterrasse am Tal, wird erreicht. Besuchen Sie dort die winzige Kapelle (16. Jh.), deren Fresken die Schutzheiligen *Sebastian*

und *Rocco* darstellen, ferner Engel und Propheten, Evangelisten, Kirchenväter und Szenen aus der Bibel.

Bis zur *Alpe Neggia* klettert die Straße tausend Meter steil an der Talsenke zwischen dem *Gambarogno* (1738 m) im Westen und dem *Monte Tamaro* (1967 m) im Osten hinauf. Von hier aus hat man reizende Ausblicke auf die *Tessiner Alpen* und die Mündung des *Verzascatals*. Von der *Alpe di Neggia* steigt man in rund 1½ Std. zum *M. Tamaro* (1962 m) auf, wo sich ein großartiges Panorama eröffnet, das von den *Walliser Alpen* bis zur *Bernina-Gruppe* reicht. Hinter der Alpe senkt sich die Straße wieder leicht, und wir kommen nach Indemini. Der Blick schweift über das *Veddasca-Tal* bis zum *Lago Maggiore*. Die alten, primitiven Tessiner Steinhäuser sind sehr malerisch. Sie haben an der Südseite Holzlauben, in denen Mais zum Reifen und Wäsche zum Trocknen aufgehängt werden. Das Dorf mit seinen steilen Treppen und Bogengängen bietet unzählig Motive für Maler und Fotografen. Indemini zählte um 1900 etwa 340, heute hat es nur noch etwas über 60 Einwohner. Eine weitere Straße führt über das Bergdorf *Biegno* auf italienischer Seite hinunter ins *Val Veddasca* und nach *Maccagno*. Im Winter ist Indemini oft nur über diese Straße von der Südseite aus zugänglich.

17

Lugano

Lugano (277 m; 29000 Einw.), die bedeutendste und größte Stadt des *Tessins*, ist der älteste und bekannteste Kurort der Südschweiz. Das milde und ausgeglichene Klima der südlichen Voralpen lockt das ganze Jahr hindurch zahlreiche Touristen nach Lugano, denn etwa 2248 Stunden Sonnenschein im Jahr garantieren in der wichtigsten Reisezeit vom Frühjahr bis zum Herbst fast immer gutes Wetter. Oleander, Mimosen, Kamelien und Magnolien, Azaleen, Rhododendren, Zypressen, Agaven und Palmen bestimmen die Vegetation, die von zauberhafter, subtropischer Schönheit ist.

Vornehme Villen mit palmenbestandenen Gärten in der Stadt und den Vororten an der weiten Seebucht, baumbestandene Berge in der Umgebung, der See selbst und nicht zuletzt die winkelige Altstadt mit ihren alten Kirchen und Palästen haben Lugano zu einem der reizvollsten Ferienorte Europas gemacht, und nicht zu Unrecht schwärmen die Luganesi von ihrer „Riviera der Schweiz".

Rundgang:

(Die in eckige Klammern gesetzten Zahlen decken sich mit den auf dem Stadtplan eingezeichneten.)

Ausgangspunkt unseres Rundganges ist — in der Stadtmitte — die *Piazza Riforma* [1]. Hier steht das Rathaus (*Palazzo Civico*) aus dem Jahre 1845 mit einem *Spartakus-Standbild* von Vicenzo Vela in der Vorhalle. Rund um den Platz wie auch an der *Piazza Rezzonico* und der *Piazza Manzoni* (beide mit schönen Brunnen) gibt es Cafés und Konditoreien.

Piazza Riforma

Wenige Schritte weiter, an der *Piazza Manzoni*, liegt der aus dem 18. Jahrhundert stammende *Palazzo Riva* [2], heute Sitz der *Banca della Svizzera Italiana*, mit schönen Deckenmalereien im Treppenhaus und Kunstschmiedearbeiten an der Marmortreppe.

Wir folgen der *Via Canova*. Rechts sehen wir den klassizistischen *Palazzo Albertolli* [3], links gegenüber die St.-Rochus-Kirche (*San Rocco*) [4] vom Ende des 16. Jahrhunderts. Die Szenen aus dem Leben des *heiligen Rochus* an den Längswänden des Kirchenschiffes malte *Battista Discepoli* aus dem benachbarten *Castagnola*, die Deckenmalereien schuf 1677 *Pozzi della Valsolda*.

Wir gehen am *Kursaal* (Restaurant, Kasino, Varieté) vorbei und erreichen die *Piazza Indipendenza* [5], den „Unabhängigkeitsplatz". Der Obelisk dort erinnert daran, daß 1803 das Tessin als gleichberechtigter freier Kanton der Schweiz angegliedert wurde.

Unmittelbar gegenüber beginnt der *Stadtpark* (*Parco Civico*), der mit seinen gepflegten Anlagen zu einem beschaulichen Spaziergang einlädt. Besuchenswert das *Kunstmuseum* (*Museo di Belle Arti*) in der klassizistischen *Villa Ciani* [6]; es besitzt eine Sammlung von Werken Schweizer und vor allem Tessiner Künstler des 17. bis 20. Jahrhunderts. Hinter der Villa steht die bekannte Statue von Vincenzo Vela „Die Trostlosigkeit" („Alla Desolazione") aus dem Jahr 1850, die Verzweiflung des unterjochten Italien symbolisierend (Museo Vela, s.S.23).

An der Nordwestecke des Parco civico steht das *Kongreßhaus*, ein moderner Zweckbau; im Osten des Stadtparks befindet sich das *Naturhistorische Museum* (*Museo cantonale di storia naturale*).

Hier empfehlen wir Ihnen einen Spaziergang durch den Stadtpark am Seeufer entlang; er ist abends, mit dem Blick auf die beleuchteten Wasserspiele vor dem Kasino und auf die festlich illuminierte Bucht von Lugano, besonders schön.

Auf dem *Viale Carlo Cattaneo* gehen wir nun über die *Piazza Indipendenza* weiter zum *Corso Pestalozzi*. Unmittelbar hinter den „Alhambra-Kolonnaden" liegt rechts das im Renaissancestil (15. Jh.) erbaute, „Taubenschlag" (*La Piccionaia*) genannte Haus [7]. Mauern und Friese sind mit Vasen,

Vögeln, Palmetten und Girlanden reich geschmückt.

Nun biegen wir nach links in die *Via Pretorio* ein. Auf der rechten Straßenseite sehen wir (Nr. 7) einen zweiten *Palazzo Riva* [8], aus dem 18. Jahrhundert.

Über die *Piazza Dante*, mit der Barockkirche *Sant'Antonio*, kommen wir auf die berühmte Treppenstraße *Via alla Cattedrale*, von der wir gleich nach links auf die *Piazza Cioccaro* abbiegen, und besuchen dort einen dritten *Palazzo Riva* [9], der ebenfalls aus dem 18. Jahrhundert stammt. Beachtung verdienen der Ehrenhof mit seiner großartigen Freitreppe und dem schmiedeeisernen Gitterwerk, den schönen Balkonen und Fresken sowie die vorgetäuschten – nur gemalten – Fenster.

Von der *Piazza Cioccaro* fährt die Seilbahn (*Funicolare*) zum hochgelegenen Bahnhof von Lugano (täglich von 5.35 bis 23.50 Uhr).

Wir steigen über den *italienischen Treppenweg* weiter hinauf zur Kathedrale *San Lorenzo* [10] und genießen vom Terrassenvorhof aus den weiten Blick auf Stadt und See. Die weiße Fassade (1517) ist ein Meisterwerk der hochitalienischen Renaissance, die ursprünglich romanische Kirche wurde im 13. und 15. Jahrhundert umgebaut. Beachtenswert sind vor allem die prächtige Barockkapelle *Madonna delle Grazie* von *G. B. Casasopra*, ferner die bemalten Pfeiler (13./16. Jh.), das Tabernakel (16. Jh.) der Brüder *Rodari* und die Fresken im Chor von *Giuseppe* und *Giovanni Torricelli* aus Lugano, die auch die Schöpfer der Deckenmalereien in der Jesuitenkirche von *Luzern* sind.

Wir gehen jetzt bergabwärts zum Seeufer und dann nach rechts weiter auf der Uferpromenade bis zur *Piazza Luini*, wo wir die romanische Fassade der Kirche *Santa Maria degli Angioli* [11] bemerken. Diese gehört zu einem 1499 erbauten Franziskanerkloster. Besonders sehenswert sind die Renaissancefresken des lombardischen Malers *Bernardino Luini* auf dem großen Lettner (Empore zwischen Chor und Langhaus), eine Darstellung der Passion Christi, ferner an der linken Seitenwand „Das Abendmahl" und in der ersten Seitenkapelle „Maria mit Christuskind und Johannes dem Täufer". Alle übrigen Fresken in der Kirche stammen von unbekannten Meistern, vermutlich aus der Schule des *Bramantino*.

Santa Maria degli Angioli
(Fresken von Bernardino Luini)

Weiter stadtauswärts, an der *Riva Caccia 5*, liegt die *Villa Malpensata* (Wechselausstellungen).

Zuletzt lohnt noch ein kleiner Aufstieg nach rechts, die *Via Loreto* entlang, zur Kirche *Madonna di Loreto* [12] aus dem Jahre 1524 (reizvoller Arkadenhof, Fresken und Stukkaturen aus dem 18. Jahrhundert; schöne Aussicht).

Auf der Uferpromenade zurückgehend, erreichen wir über die *Piazza Rezzonico* wieder unseren Ausgangspunkt. Die Gassen und Straßen nördlich der *Piazza Riforma*, insbesondere in der Nähe der *Via Pessina*, bilden die Altstadt von Lugano.

Über den *Viale Carlo Cattaneo*, dessen Verlängerung hinter der Brücke über

In der Altstadt von Lugano

den *Cassarate*-Fluß *Via Castagnola* heißt, führt die Straße zur *Villa Favorita* [13], im Stadtteil *Castagnola* (Stadtautobus Nr. 2 der Linie *Lugano — Castagnola*).

Inmitten kunstvoll angelegter Gärten liegt der ehemalige *Palazzo Beroldingen* (17. Jh.), den *Leopold von Preußen* zum Wohnsitz ausbaute und den später *Dr. Heinrich von Thyssen-Bornemisza* zu einer der großartigsten und reichsten privaten Kunstgalerien Europas machte. Wir sehen Meisterwerke namhafter italienischer, flämischer, holländischer, spanischer, französischer und deutscher Maler vom Mittelalter bis zum 18. Jahrhundert: *Bernardo Daddi, Fra Angelico, Gozzoli, Uccello, Filippino Lippi, Tizian, Veronese, Tintoretto, Carpaccio* und *Palma Vecchio, Bramantino, El Greco* und *Goya, Van Eyck* und *Roger van der Weyden, Van Dyck* und *Rubens, Frans Hals, Rembrandt, Dürer, Altdorfer, Cranach, Holbein* und *Baldung Grien, Lenbach, Gainsborough, Fragonard, Boucher, Corot, Courbet* und viele andere. (*Geöffnet von Ostern bis Mitte Oktober freitags und samstags 10–12 und 14–17 Uhr, Eintrittsgeb.*)

🚂 An der Linie Basel–Mailand. Verbindungen mit Locarno und Ponte Tresa.

🚌 Zu allen wichtigen Orten am Luganer See, am Comer See, am Lago Maggiore, Tesserete, Sonvico.

🚢 Zu allen Uferorten. Für Touristen verbilligte Rundfahrtbillets. Nachtfahrten.

„Regional-Ferienabonnement". Es berechtigt während 7 Tagen uneingeschränkt zu Fahrten auf mehreren Autobuslinien der Region Lugano der Schmalspurbahn Lugano — Ponte Tresa, verschiedenen Bergbahnen (Monte Brè, San Salvatore, Monte Lema) und den Schiffahrtslinien auf dem Luganer See. Darüber hinaus genießt man bei zahlreichen weiteren öffentlichen Verkehrsmitteln Preisermäßigungen von 25 bis 50 Prozent.

🏨L „Eden Grand Hotel".
🏨1 „Admiral", „Commodore".
🏨2 „Arizona", „Delfino", „Centro Hotel Cristallo", „Plaza" (garni).
🏨 „Aurora", „Besso", „Minerva", „Villa Magnolia", „Adler" (garni).
🏨 „Lucerna", „Regina", „Sport" (garni).

Motel: „Vezia" (in Vezia, 3 km nördlich von Lugano).

⛺ Lugano-Crocifisso, Figino, Melano.
⛺ Plätze in Agno, Noranco, Agnuzzo, Cureglia.

Parkgaragen: Via Motta, Via Pretorio, Riva A. Caccia.

Veranstaltungen: Seenachtsfest Ende Juli. Winzerfest 1. Sonntag im Okt.

1. Piazza Riforma.
2. Palazzo Riva.
3. Palazzo Albertolli.
4. San Rocco.
5. Piazza Indipendenza.
6. Villa Ciani.
7. La Piccionaia.
8. Palazzo Riva.
9. Palazzo Riva.
10. San Lorenzo.
11. Santa Maria degli Angioli.
12. Madonna di Loreto.
13. Villa Favorita.

Umgebung von Lugano

1. **Monte San Salvatore** (915 m), einer der „Hausberge" von Lugano mit charakteristischer Form; steiler, beschwerlicher Aufstieg zu Fuß. Vom Ortsteil *Paradiso* führt eine Drahtseilbahn (Funicolare) zum Gipfel (Preis: 8 sfr.). Dort steht eine kleine, 1861 erbaute Kirche, mit wunderbarer Rundsicht über den See, die Stadt und ihre Umgebung bis zum *Lago Maggiore* und zur lombardischen Ebene, zu den *Berner*, den *Savoyer* und den *Graubündner Alpen* (Orientierungstafel).

Empfehlenswert ist es, nur die Bergfahrt (5 sfr.) zu buchen und den Rückweg nach Lugano mit einer der folgenden Fußwanderungen zu verbinden:

Nach *Paradiso* über *Pazzallo*; etwa 90 Minuten.

Nach *Paradiso* über *Ciona*, *Carabbia*; etwa zwei Stunden.

Nach *Morcote* über *Ciona*, *Carona*; etwa drei Stunden; weiter nach *Lugano* mit Schiff oder Postautobus.

Nach *Melide* über *Ciona*, *Carona*; etwa 90 Minuten; weiter nach *Lugano* mit Schiff oder Postautobus.

2. **Monte Brè** (933 m), der andere Berg vor der „Haustür" von Lugano: Auffahrt entweder mit der Drahtseilbahn vom Ortsteil *Cassarate* aus (Preis: 6 sfr.) oder auf der neuen Straße bis zum Dorf *Brè* und von da auf schmalem Weg zwischen Kirche und Friedhof zum Brè-Gipfel.

Dieser gilt als der Schweizer Berg mit der längsten Sonnenbestrahlung. Von der Terrasse des Brè-Restaurants genießt man eine Fernsicht über Stadt und See bis zu den *Walliser* und *Berner* Hochalpen und zum Massiv des *Monte Rosa*. Auch vom *Monte Brè* lohnt sich ein Abstieg über das Dorf *Brè* nach *Gandria* (etwa 90 Minuten) oder *Castagnola* (2 Stunden); Rückfahrt nach *Lugano* mit Schiff oder Autobus.

3. **Monte Generoso** (1704 m). Ausgangspunkt der von Ostern bis Oktober verkehrenden Bergbahn ist *Capolago* am Südzipfel des Luganer Sees – von *Lugano* aus zu erreichen mit Bahn, Schiff und Autobus. In etwa 45 Minuten Fahrzeit erreicht man über *Bellavista* (1223 m) die 1614 m hohe Gipfelstation *Monte Generoso Vetta* (Preis: 18 sfr.). Ein guter Fußweg führt zum 1701 m hohen Berggipfel, der einen einzigartigen Fernblick gewährt: *Walliser*, *Berner*, *Bündner Alpen*, die oberitalienischen Seen, die Lombardische Tiefebene und in der Ferne der *Apennin*. Besonders schön ist diese Aussicht bei Sonnenauf- oder -untergang; dazu müssen Sie den Früh- oder Spätzug benutzen oder im Gipfelhotel übernachten.

Blick vom Monte Generoso

4. **Ponte Tresa** (⌂) ist Grenzort und Zollstation am Westzipfel des Luganer Sees. Abfahrt der elektrischen Bahn vom Bahnhofsplatz (Fahrzeit: 25 Min.; Hin- und Rückfahrt 6,40 sfr.). Die Bahn führt an dem malerischen *Lago di Muzzano* (Naturschutzgebiet) vorbei, kreuzt das Tal des *Vedeggio* (Flugplatz) und erreicht *Agno* (Domherrenkapitel, eine Gründung *Ottos II.*, 10. Jh., und Kollegiatskirche, 18. Jh.). In *Agno* findet alljährlich vom 8. bis 10. März der Jahrmarkt von *San Provino* statt.

21

Dann kommen wir über *Magliaso* (Ruine eines vor 1116 erbauten Schlosses, Kirche *SS. Biagio e Macario* von 1680 mit reicher Ausstattung) nach *Ponte Tresa*.

Ponte Tresa ist ein günstiger Ausgangspunkt für einen Ausflug auf der Höhenstraße des *Malcantone* (Postautobus) zum *Monte Lema*. Zuerst geht es am schweizerischen Ufer der Tresa entlang zur Häusergruppe *Molinazzo* (258 m), dann über zwei Kehren hinauf nach *Sessa* (394 m), einem malerischen alten Ort. Sehen Sie sich in der Kirche *San Martino* den holzgeschnitzten Altar (17. Jh.) an. Die Ruine des Schlosses *(Castello)* ist ein Teil eines Baues, der einst kaiserliches Lehen (*Friedrich I. Barbarossa*) war. An vielen Häusern sieht man Wappen (*Sforza, Uri* u. a.) und schöne Stuckornamente.

Hinter dem Weiler *Beredino* steigt die Straße nach *Astano* (636 m) an. Man beachte hier die Illusionsmalereien an den Häusern (besonders am Haus *Antico Negozio*). Über *Novaggio* (schöne Aussicht) geht es weiter nach *Miglieglia*. Den Schlüssel zum – empfehlenswerten – Besuch der Kirche *San Stefano* erhalten Sie beim Bürgermeister. Sie sehen das in Tessiner Bauweise gewölbte Langhaus mit Quergurten, einen geschnitzten Altar und gut erhaltene Fresken von Propheten, Aposteln und Heiligen, von Christi Geburt und seiner Kreuzigung.

Ein Sessellift führt hinauf zum Gipfel des *Monte Lema* (1624 m); großartiger Blick über die malerischen Täler und Dörfer des *Malcantone*, zum *Lago*

Tesserete

Maggiore und *Luganer See* sowie zu den Südalpen und zum *Apennin*. Wenn Sie denselben Weg zurück nach *Ponte Tresa* wählen, so können Sie von dort nach *Lugano* mit dem Schiff fahren.

Interessanter aber ist die Rundfahrt durch das Tal der *Magliasina* über *Breno, Mugena* und *Arosio* (beachtenswerte Fresken aus dem 16. Jh., in der Kirche aus dem 12. Jh.). Hinter *Gravesano* trifft man auf die Straße **Nr. 2**, die über *Vézia* nach *Lugano* zurückführt.

5. Val Colla und Tesserete. Diese Fahrt empfehlen wir allen, die Freude an abgelegenen reizvollen Dörfern haben, mit ihren alten malerischen Kirchen und Glockentürmen (romanisch bis Barock). Abfahrt vom Hauptbahnhof mit dem Autobus bis *Tesserete*, dann weiter mit dem Postautobus oder im eigenen Fahrzeug.

In Stichworten: *Porza* (Kirche mit eigenartigen Stuckreliefs), *Comano* (Kirche aus dem 17. Jh. mit Fresken und farbigen Stukkaturen im Chor; Fußweg zur Einsiedelei *San Bernardo*, 16. Jh.), weiter aufwärts im *Cassarate*-Tal über *Sureggio* und *Lugaggia* bis *Tesserete* (nebel- und staubfreier Kur- und Ferienort, in der Kirche neuentdeckte Fresken aus dem 15. Jh.). Besuchen Sie im benachbarten Ort *Bigorio* das 1535 gegründete Kapuzinerkloster *Santa Maria*; in der Kirche ein auf Rosenholz gemaltes Madonnenbild, ein Weihegeschenk des Königs von Sardinien (um 1550). Von hier erreicht man in einer Stunde den Gipfel des 1170 m hohen *Monte Bigorio*. Im nahen *Ponte Capriasca*, in der Kirche *Sant'Ambrogio*, befindet sich eine Kopie von *Leonardo da Vincis* „Abendmahl". Ferner lohnt es sich,

„Der Gekreuzigte" von Bernardino Luini

in der Kirche von *Vaglio* die Fresken von 1514 zu besichtigen und am lieblichen *Origlio-See* von der hochgelegenen Kirche *San Giorgio* aus die einsame Schönheit der Capriasca-Gegend zu bewundern.

Empfehlenswert ist nun die Rundfahrt durch das *Val Colla*, in das man von *Tesserete* hier bei *Cagiallo* (romanische Kirche mit freiliegender Dachkonstruktion) einfährt. Endpunkt des Tales ist hinter *Maglio di Colla* das Dörfchen *Bogno*, und wir fahren jetzt auf dem südlichen Talweg zurück über *Cimadera, Sonvico* (alte Welfenburg und Kirche *San Giovanni*, mit Fresken aus dem 15. Jahrhundert und Barockchor; Fußweg nach *Pianozzo* zur ältesten Kirche der Gegend, *San Martino*, um 700, mit Fresken aus der Zeit um 1520), *Dino* (ehemalige Etrusker- und Römersiedlung; romanische Kirche mit Fresken aus dem 13. Jahrhundert und dem Gemälde von *B. Luini* „Der Gekreuzigte"), über

Seilbahn nach Serpiano

Cadro (Kirche von 1603 mit reich stukkiertem Innenraum), *Davesco* und *Pregassona* (Pfarrkirche mit hohem Campanile; an der Südwand interessante Darstellung der Seeschlacht von Lepanto gegen die Türken, 1571) nach *Lugano*.

6. Serpiano (645 m). Zum Besuch dieses unmittelbar über dem Luganer See gelegenen Kurortes fahren wir mit dem Schiff oder dem Auto bis *Brusino-Arsizio* und von dort mit der Kabinen-

bahn hinauf zur Höhe von *Serpiano*. Ein schöner Blick bietet sich auf die Buchten des Luganer Sees und nach *Morcote*. Auf markiertem Weg besteigt man in 1¼ Std. den *Monte San Giorgio* (1097 m), dessen Gipfel eine prächtige Aussicht auf das *Sotto-Ceneri* vermittelt.

Serpiano erreicht man auch von

Mendrisio (354 m; 6000 Einw.) über *Rancate* (Gemäldesammlung Giovanni Züst), *Arzo* (berühmte Marmorbrüche) und *Meride* (malerisches Ortsbild) auf einer z. T. recht kurvenreichen Straße (10 km). Der Hauptort des *Mendrisiotto* verdient ebenfalls einen kurzen Besuch (Barockkirchen *SS. Cosma e Damiano* und *S. Giovanni*, mehrere *Palazzi*, frühromanisches Kirchlein *S. Martino*). Berühmt sind die Osterprozessionen von *Mendrisio* (Gründonnerstag, Karfreitag). – Lohnender Abstecher in die *Valle Muggio* (bis *Scudellate* 16 km) und nach *Ligornetto* (3 km; *Museo Vela* mit Werken des Bildhauers Vincenzo Vela, 1820 bis 1891). – Lugano – Melide – Mendrisio 19 km.

„Das Gebet" von Vela

7. Collina d'Oro, der „goldene Hügel", umschlungen von den Armen des Luganer Sees, ist ein ideales Spazier- und Wandergebiet für alle, die Erholung und Ruhe suchen. Hier kann man durch schattige Kastanien- und Buchenwälder schöne Spaziergänge unternehmen und dabei gleichzeitig viele Kunstwerke großer Meister in den Kirchen und Kapellen am Wegrand bewundern: Aus den Dörfern der *Collina d'Oro* zogen viele künstlerisch oder technisch begabte Männer in fremde Länder und bauten Städte, Paläste, Befestigungen, Straßen- und Eisenbahntrassen. Viele von ihnen kehrten im Alter auf ihren „goldenen Hügel" zurück und schmückten die Gotteshäuser ihrer Heimat:

In *Gentilino* die Kapelle *San Pietro*, ein Werk des *Domenico Gilardi*; auf dem Friedhof der Kirche *Sant'Abbondio* die Statue „Das Gebet" von *Vela*, hier liegen *Bruno Walter* und *Hermann Hesse* begraben; in der Kirche von *Montagnola* Stukkaturen von *G. Gilardi*, der 1812 *Moskau* nach der Vertreibung *Napoleons* wieder aufbaute; in *Pambio* geboren wurden *Giuseppe*, der die Befestigungen von *Kronstadt* und *Sewastopol* baute, die Brüder *Lucchesi* und *G. B. Ricca*, die im Auftrag der österreichischen Erzherzöge im 16. und 17. Jahrhundert in *Prag, Österreich* und *Ungarn* Schlösser, Paläste und Parkanlagen schufen; *Bigogno* war die Heimat des Ingenieurs *Bernardo*, der die Wiener Trinkwasserleitungen baute, die Eisenbahnstrecke *Genua—Nizza*, die Gotthardstrecke sowie die Bergbahn zum *Monte Generoso* und *Monte San Salvatore* entwarf.

8. Carona. Wir verlassen *Lugano* in *Paradiso* bei der Station der auf den *Monte San Salvatore* führenden Seilbahn und fahren am Westhang des Berges über *Carabbia* die Serpentinen über *Ciona* nach *Carona* (599 m) hinauf. Vor *Ciona* schöner Blick auf die Ebene *Scairolo*, dann herrliche Aussicht hinunter auf den See, auf *Melide, Bissone* und den *Monte Generoso*. *Carona* ist auch mit der Seilbahn Melide—Carona zu erreichen. Besuchen Sie die Kirche *San Giorgio*, mit romanischem Blendbogenfries, toskanischen Säulen aus der Renaissance, achteckiger Barockkuppel und der üppigen Barockausschmückung im Innern. An den Wänden des Chores sehen Sie von *Domenico Pozzi* „Jüngstes Gericht" und „Kreuzabnahme" und in der Seitenkapelle die „Enthauptung Johannes' des Täufers" (16. Jh.), dann das Taufbecken von *Pietro Lombardo* und vor allem die marmorne Altarplatte aus dem 15. Jahrhundert: „Maria mit dem Kind zwischen den Heiligen Sebastian und Rochus". — In der Kirche *Santa Marta*, der Schutzpatronin von *Carona*, findet man im Chor gut erhaltene Fresken aus dem 15. Jahrhundert, die *Martha, Maria*, den *heiligen Georg* und *Christus* darstellen.

Ein Waldpfad führt weiter zur **Pilgerkirche Madonna d'Ongero**, durch deren weite Kuppel weiches Licht auf die farbenfrohen Fresken des *Antonio Petrini* (1690) fällt. Am 7. und 8. September findet hier alljährlich eine große Prozession statt. — Weiter durch den Wald gehend, trifft man auf die kleine romanische Kirche *Santa Maria di Torello*. 1227 wurde hier der Stifter des Klosters und Bischof von *Como, Guglielmo della Torre*, begraben.

Von *Carona* aus können Sie über *Vico Morcote* und *Olivella* auf der Seeuferstraße oder mit dem Schiff von *Morcote* aus nach *Lugano* zurückfahren.

Madonna d'Ongero

Mailand

Zu einem Ausflug nach Mailand vom *Tessin* aus benutzen Sie am besten eine der Autobahnen, die von *Lugano*, von *Varese* oder als ausgebauter Zubringer von *Sesto Calende* am Südzipfel des *Lago Maggiore* schnell nach Mailand führen. Bereits auf einem Tagesausflug, der so früh wie möglich begonnen werden sollte (im Sommer große Hitze in der Lombardischen Tiefebene!), kann man die wichtigsten Sehenswürdigkeiten der Stadt besuchen.

Mailand (*Milano*; 1,8 Mill. Einw.) ist Italiens zweitgrößte Stadt und sein wichtigstes Handelszentrum. Von den Römern 222 v. Chr. als *Mediolanum* gegründet, war es eine Zeitlang Residenz der weströmischen Kaiser; 452 von *Attila* verwüstet, gehörte es seit 568 zum Langobardenreich und wurde 774 von *Karl dem Großen* erobert. Die mittelalterliche Geschichte prägten die Adelsgeschlechter der *Visconti* und *Sforza*. Nach der spanischen (1540 bis 1714) und der österreichischen Zeit (1714—97) machte sich *Napoleon I.* zum König von Italien. Von 1814 bis 1859 stand die Stadt noch einmal unter österreichischer Herrschaft.

Sehenswürdigkeiten:
(Die in eckige Klammern gesetzten Zahlen decken sich mit den auf dem Stadtplan eingezeichneten.)

Dom [1]. Das stolze, von einer Madonnenfigur gekrönte Wahrzeichen Mailands erhebt sich majestätisch im Herzen der Stadt. Über ein halbes Jahrtausend wurde am Dom gebaut. Die Arbeiten begannen 1386, aber erst 1947/65 wurden die fünf Bronzeportale der Hauptfassade eingefügt. Diese Fassade wurde zu Beginn des 19. Jahrhunderts vollendet, die 135 grazilen Filialtürmchen auf dem Dach erst 1858. Die schlanke Kuppel mit der Madonnenfigur *Madonnina* (Gesamthöhe 108,50 m) stammt von 1765–69. Etwa 3200 Marmorfiguren schmücken die Außenseiten des Doms und stehen auf Türmchen und 40 äußeren Strebebögen, den Arkaden und Gewölben. Der kreuzförmige Innenraum (148 m lang) ist in ein gewaltiges Mittelschiff und vier Seitenschiffe geteilt. 52 Pfeiler tragen die Decke. Die Spitzbogenfenster im Mittelschiff sind die größten der Welt, und die Farben des Glases dort und im Chor kommen in dem düsteren Raum besonders gut zur Geltung. Die Kirche kann etwa 35000 Menschen fassen.

Der Mailänder Dom

Im rechten Seitenschiff befindet sich das Grabmal des *Gian Giacomo de' Medici* (16.Jh.), in der Nähe steht die Statue des *heiligen Bartholomäus* (1552) und gegenüber im linken Querschiff ein prächtiger siebenarmiger Bronzeleuchter von *Nikolaus von Verdun* (um 1200).

Sehr empfehlenswert ist ein Rundgang auf dem Dach, das man zu Fuß oder mit dem Fahrstuhl erreicht. Von der Plattform bietet sich eine einzigartige Aussicht über die Stadt.

★

Wenden Sie sich nun vom Domplatz, den die nördlichen und südlichen Kolonnaden umgeben, in die 195 m lange, 1865—77 erbaute *Galleria Vittorio Emanuele*, deren Kuppel 48 m hoch ist. Hier gibt es Restaurants, Cafés und elegante Geschäfte. Am anderen Ende der Halle betritt man die *Piazza della Scala*, an der das

Teatro alla Scala [2], Mailands weltberühmtes Opernhaus, steht.

Palazzo di Brera [3]. Er wurde 1686 errichtet und enthält eine der berühmtesten Gemäldesammlungen Italiens (Werke von *Bellini, Mantegna, Carpaggio, Correggio, Raffael, Rubens, Van Dyck* u. a.) und gibt einen vollständigen Überblick über die venezianische, lombardische und andere italienische Schulen.

Castello Sforzesco [4], *Piazza Castello*. Diese eindrucksvolle mittelalterliche Burg entstand seit 1450 auf den Resten der 1447 vom Volk geschleiften Residenz der *Visconti*. Der 70 m hohe Turm ist eine originalgetreue Nachbildung. In der Burg befindet sich jetzt eine sehr sehenswerte Kunstsammlung (u. a. die „Pietà Rondanini" von *Michelangelo*; z. Z. geschlossen).

Hinter dem Kastell befindet sich der *Parco Sempione* mit einer Arena (1807) und dem *Arco della Pace*, einem 1807–38 errichteten Triumphbogen.

★

Santa Maria delle Grazie [5], am *Corso Magenta*, wo der Weinberg des *Leonardo da Vinci* gestanden haben soll. Kuppel und Chor der gotischen Backsteinkirche wurden um 1495 von *Bramante* im Stil der Frührenaissance gestaltet.

Obwohl die Kirche einige gute Fresken aufweist, ist sie fast nur wegen eines der berühmtesten Werke der abendländischen Kunst bekannt, das sich in unmittelbarer Nähe befindet: „Das Abendmahl" von *Leonardo da Vinci* im Refektorium des ehemaligen Dominikanerklosters, eines schmucklosen Gebäudes links von der Kirche. Das 1495–97 von *Leonardo* geschaffene Tempera-Gemälde, das die eine Querwand des Saales füllt, war im Lauf der Jahrhunderte stark abgebröckelt und verblaßt, bis es 1952 sehr erfolgreich restauriert wurde. An der gegenüberliegenden Seite das Fresko „Kreuzigung" von *Montorfano*.

Sant'Ambrogio [6], *Piazza S. Ambrogio*, wurde im 4. Jahrhundert auf den Resten eines römischen Tempels errichtet.

Nach dem Gemetzel von *Thessaloniki* soll der *heilige Ambrosius* an der Kirchentür dem Kaiser *Theodosius* den Zutritt verwehrt haben. — Der *heilige Augustinus* soll hier getauft worden sein. Aus dem 11. und 12. Jahrhundert stammt der heutige Bau mit seinem reizvollen Vorhof. Im Inneren sind beachtenswert der von antiken Porphyrsäulen getragene Baldachin über dem Hochaltar, die Altarverkleidung (835) aus Emaille, Edelsteinen und Filigran von *Paliotto di Volvinio*, dem berühmtesten Goldschmied des 9. Jahrhunderts, und die eigenartige Schlangensäule; unter der Kanzel (um 1200) ein altchristlicher Sarkophag.

Biblioteca Ambrosiana [7], *Piazza Pio XI*. Die in einem 1609 erbauten Palast untergebrachte Bibliothek enthält viele höchst wertvolle Manuskripte, u. a. von *Vergil*. In der benachbarten Gemäldegalerie (*Pinacoteca*) befinden sich bedeutende Werke von *Botticelli*, *Leonardo da Vinci* („Codex Atlanticus"), *Raffael* u. a.

Friedensbogen [8], in den Jahren 1806 bis 1838 aus weißem Marmor erbaut.

Kunstpalast [9]. Hier finden ständig wechselnde Kunstausstellungen statt.

Messegelände [10]. Hier wird alljährlich eine technische Mustermesse abgehalten.

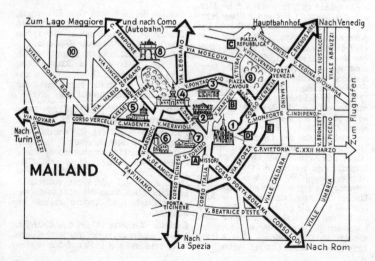

26

Route 1: St. Gotthard–Biasca–Bellinzona (73 km)

Vom *St.-Gotthard-Paß* führt diese Route in den Kanton *Tessin*, das italienische Sprachgebiet der Schweiz, und zur Hauptstadt des Kantons, *Bellinzona*.

St.-Gotthard-Paß (2108 m). Als *Mons Elvenius* war dieser Alpenübergang schon den Römern bekannt; er spielt aber erst seit dem 13. Jahrhundert eine wirtschaftlich und strategisch wichtige Rolle. Er ist die kürzeste Verbindung zwischen der Zentralschweiz und dem Tessin und Wetter- und Klimascheide zwischen Süden und Norden des Alpenhauptkammes. Die hohen Niederschlagsmengen im Paßbereich und die Wasser der zu Staubecken ausgebauten *Sella-* und *Lucendro-*Seen in Paßnähe fallen in Druckleitungen zum 1000 m tiefer liegenden Turbinenhaus des Kraftwerkes *Lucendro* bei *Airolo*.

Innerhalb des europäischen Fernstraßennetzes liegt der Gotthard als wichtigster Alpenübergang an der Route E 9, die von *Den Haag* nach *Genua* führt. Strategisch ist dieser Paß für die Schweiz das Herzstück der Landesverteidigung und daher modern befestigt. 1820–30 wurde eine Straßentrasse erbaut, 1872–82 die St.-Gotthard-Eisenbahnlinie mit 95 Brücken und 56 Tunnels. Parallel zum 15 km langen Gotthard-Eisenbahntunnel verläuft der moderne *Gotthard-Straßentunnel*, der als Kernstück der Autobahn N2 ebenfalls *Göschenen* (1101 m) mit *Airolo* (1175 m) verbindet und damit eine weitere wintersichere Alpentransversale auf Schweizer Boden schafft. Die Länge des Straßentunnels beträgt 16,3 km, sein Scheitelpunkt liegt bei 1150 m Seehöhe. Für die Benützung des Gotthard-Straßentunnels wird keine Gebühr erhoben.

Auf der Paßhöhe sind das Gotthard-Hospiz (14. Jh.), eine Wetterwarte und ein Fliegerdenkmal, über der öden Paßregion der *Monte Prosa* (2737 m). Der Paßname erinnert an eine hier 1300 zu Ehren des *heiligen Gotthards*, Bischofs von Hildesheim, errichtete Kapelle.

Die berühmte Serpentinenstrecke durch die *Val Tremola* wurde durch eine weiter westlich verlaufende Trasse ersetzt. Nachdem wir zwei Tunnels passiert haben, beschreibt die Straße zwei lange Schleifen. Weiter talwärts kommen wir, an den Festungsanlagen von *Motto Bartola* vorbei, nach

Airolo (1175 m), 14 km, Sommer- und Winterkurort am Fuße des St. Gotthards (Südausgang der Gotthardtunnels) und des *Sasso della Boggia* (2065 m; Skigebiet), den eine Gondelbahn bequem gewinnen läßt. – Von Airolo lohnender Abstecher auf neuer Alpenstraße durch die *Val Bedretto* (oberstes Tal des *Tessin*) hinauf zum *Nufenenpaß* (2478 m; 23 km).

☞ *Sasso della Boggia*, Skilift.
🏨2 „Delle Alpi", „Motta & Poste".
🏨 „Forni". ⌂ „Ramelli", „Flora".

Hinter einer weiteren Felsenge, die man durch Tunnel passiert, fahren wir in das Becken der *Piotta*. Auf dem anderen Ufer des Flusses *Tessin* liegt das Kraftwerk *Ritom*, das den Strom für die Gotthardbahn liefert (Standseilbahn *Piora*, 1793 m). Auf schmaler Bergstraße (10 km) kann man über *Altanca* zu dem malerischen *Ritomsee* (1950 m) hinauffahren (Wandergebiet).

Im *Val Leventina* passieren wir dann den großen Wasserfall rechts vor *Ambri-Piotta*. Kurz hinter *Rodi-Fiesso* rechts Abzweigung nach *Dalpe* (5 km), dem Ausgangspunkt für die Besteigung des *Pizzo Campo Tencia* (3072 m, nur für Geübte).

Durch mehrere Tunnel fahren wir nun in die wilde *Piottino*-Schlucht (Schlucht von *Dazio Grande*) mit Blick (rechts) zu den Fällen des Flusses *Tessin*. Der Gotthardbahn ermöglichen hier zwei Kehrtunnel die Durchfahrt.

St.-Gotthard-Paß

27

Giornico (391 m; 1400 Einw.), 42 km, das sich hübsch zu beiden Seiten des *Ticino* ausbreitet (am Ortseingang Denkmal für den siegreichen Waffengang der Eidgenossen mit einer Truppe des Mailänder Herzogs *Sforza*), besitzt in der romanischen Kirche *San Nicolao* (12. Jh.) ein Kunstdenkmal von hohem Rang (bedeutende Bauplastik, Hallenkrypta). Neben San Nicolao steht die Pfarrkirche von *Giornico* (Flügelaltar, 1517); auf dem ehemaligen Schloßhügel erhebt sich die Kirche *Santa Maria di Castello* (Kassettendecke mit Renaissancemotiven, im Chor Fresken von 1448). Ein empfehlenswerter Abstecher (30 Min.) führt auf dem alten Gotthardweg talaufwärts zum Weiler *Altirolo* (490 m) und zu dem einsam gelegenen Wallfahrtskirchlein *San Pellegrino* (541 m; prächtige Renaissancefresken von 1589; Schlüssel im Pfarramt von Giornico).

Biasca (300 m; 5500 Einw.), 52 km, liegt am Treffpunkt dreier Täler: vom *Gotthard* kommt das *Leventina*-Tal, vom *Lukmanier* das *Blenio*-Tal und nach Süden zieht sich bis *Bellinzona* das *Riviera*-Tal, die Fortsetzung unserer Route. Besuchen Sie hier die alte romanische Kollegiatskirche *Santi Pietro e Paolo* (12. Jh.), deren Schiff sich — dem steinigen Boden angepaßt — zum Chor hin verengt und ansteigt. Wandbilder aus dem 12. bis 17. Jahrhundert berichten aus dem Leben des *heiligen Karl Borromäus*, des Schutzheiligen der Tessiner (Schlüssel im Pfarrhaus).

Ein Stationsweg führt zur höher gelegenen Kapelle *Santa Petronilla* am Wasserfall des *Ri della Froda*.

⚐ „Internazionale", „Europa Camping".

Faido (715 m), 31 km, Verwaltungssitz der *Leventina*, ist ein Sommer- und Winterkurort mit südländischem Charakter, wald- und wasserreich; Wasserfälle (*Cascata Piumogna*); alte Holzhäuser mit Schnitzereien (16. Jh.).

⛷ 2 Skilifte und 1 Sesselbahn in *Cari*.
🏨 2 „Milano".
ⓗ „Faido", „Pedrinis".
⚐ Faido-Polmengo.

Es folgt *Chiggiogna*: in der Kirche Fresken, ein gotischer Altar (16. Jh.) und das Gemälde „Die Apostel am Grabe Mariä"; in der Nähe Sarazenengrotten aus dem 12. Jahrhundert (*Case dei Pagani*).

Bald sehen wir rechts der Straße den „Schleierfall der Gribbiasca", durchfahren den Ort *Lavorgo* und kommen in die malerische enge *Biaschina*-Schlucht, eine neue, tiefere Talstufe der unteren *Leventina*; der *Tessin* überwindet sie mit einem Wasserfall, die Straße in Serpentinen, die Bahn in zwei übereinanderliegenden Kehrtunnels (Spiraltunnel: *Pianotondo*- und *Travi*-Tunnel).

Wasserfall von Santa Petronilla

Die *Riviera*, „Eingang zum Tessin" genannt, ist das *Tessin*-Tal (21 km) zwischen *Biasca* und *Bellinzona*; man kann es in wenigen Minuten durchfahren, wenn man nicht, wie in der Hauptreisezeit, in eine endlose Fahrzeugschlange gerät. Um *Osogna* und *Claro* zu besuchen, wird man wenig Zeit bleiben. Wählen Sie die Parallelstraße am rechten Ufer des *Tessins*; sie ist leerer und reizvoller! Über *Iragna* kommen Sie nach *Lodrino* und können in 20 Minuten zur Martinskapelle auf dem *Di Paglio* hinaufsteigen; Fresken aus dem 15. Jahrhundert und eine großartige Aussicht erwarten Sie. Es folgen *Moleno* (Christophorusfigur und interessantes Kirchenportal), *Preonzo* (schönes Dorf mit Kampanile, Holzloggien und Wandmalereien) und *Gnosca*. In *Arbedo* treffen wir wieder auf die Straße *Nr. 2*.

Castello Grande in Bellinzona

Wenn man ab *Biasca* auf der Hauptstraße bleibt, biegt man von der Umgehungsstraße nach *Osogna* ab. Hinter der Kirche führt ein Weg hinauf zum Wasserfall und zur Kapelle *Santa Maria del Castello*. Der geschnitzte Altar von *Ivo Striegel* ist aus dem Jahre 1494, die Fresken sind aus dem 17. Jahrhundert.

In *Claro* sehen wir in der *St.-Rochus-Kirche* neben Stuckarbeiten zwei Ölbilder, „Marter des heiligen Sebastians" und „Der milde St. Rochus", aus dem 17. Jahrhundert. Hoch über dem Ort liegt das Kloster *Santa Maria* der Benediktinerinnen. – ⚑ „Al Censo".

Arbedo, 71 km, grüßt mit dem romanischen Kampanile und der roten Fassade der *Chiesa Rossa*. Hier wurden die von dem Kondottiere *Carmagnola* in der Schlacht von *Arbedo* 1422 besiegten und gefallenen Eidgenossen begraben. Die Kirchenfresken entstanden um 1500.

Bellinzona (231 m; 16000 Einw.), 73 km. Drei mächtige historische Burgen beherrschen mit ihren Mauern, Türmen, Toren und Verteidigungsanlagen die Stadt und bringen mittelalterliche Stimmung in die von südlicher Landschaft reizvoll umrahmte Hauptstadt des Tessins. Die Schlüsselstellung zu den Pässen *St. Gotthard*, *Lukmanier* und *San Bernardino* machte Bellinzona im Mittelalter zu einem strategisch wichtigen und zwischen *Como*, *Mailand*, den Schweizer Waldstätten und den Franzosen, zwischen Päpsten, Königen und Kondottieri hartumkämpften Platz. Die drei Burgen stammen aus der Zeit zwischen dem 12. und 15. Jahrhundert, der Zeit der *Visconti* und *Sforza*. Jedem der drei Urkantone gehörte bis zur Französischen Revolution je eine Burg.

Die Burg von Uri (*Castello Grande*) ist die älteste, erbaut auf dem westlichen Hügel.

Die Burg von Schwyz (*Castello di Montebello*) ist eine Zitadelle und ein Beispiel für lombardische Festungsbaukunst. Sie beherrscht Stadt und Tal vom Osten her. Von der Bahnhofstraße, *Viale Stazione*, führt die steile Autoauffahrt hinauf zur Zitadelle. Wir empfehlen Ihnen einen Spaziergang auf Wällen und Ringmauern.

Die höchste Burg, die von Unterwalden (*Castello di Sasso Corbaro*), steht auf einem Bergausläufer. Sie ist günstig auf dem Fahrweg von der Burg Schwyz aus zu erreichen. Lohnend ist der weite Ausblick von hier ins *Tessin*-Tal bis zum *Lago Maggiore*. In zwei Burgen sind heute besuchenswerte Museen eingerichtet: Im *Castello Corbaro* kann man Tessiner Trachten und Volkskunst, im *Castello Montebello* Funde und Sammlungen aus der Vorzeit sehen.

Von den wenigen historischen Denkmälern der Stadt selbst seien nur noch die Kollegiatkirche mit ihrer reichen Renaissancefassade (16. Jh.) und der „Kreuzigung" von *S. Peterzano* erwähnt; ferner im südlichen Vorort *Ravecchia* die Basilika *San Biagio* (13. Jh.), mit interessanten Wandmalereien, und die ehemalige Klosterkirche der Franziskaner, *Santa Maria delle Grazie*, mit vielen Fresken (16. Jh.), die das Leben Christi darstellen.

⋔2 „Unione". – ⚑ „Gamper".

⌂ „International", „Felix" (garni).

⚑ „Ponte della Torretta".

Route 2: Splügen–San-Bernardino-Paß–Bellinzona (73 km)

Mit der Eröffnung des ersten innerschweizerischen Straßentunnels im Zuge des Alpenhauptkamms hat die Verkehrsbedeutung der San-Bernardino-Strecke stark zugenommen. Sie bietet sich heute als schnelle und wintersichere Verbindung zwischen dem Bodenseegebiet und dem oberitalienischen Raum bzw. dem Tessin an. Landschaftlich ist eine Fahrt von Chur durch das Tal des Hinterrheins und über den Passo del San Bernardino ins Misox sehr abwechslungsreich (siehe Polyglott-Reiseführer „Ostschweiz/Graubünden").

San-Bernardino-Paß

Splügen (1460 m). Im Dorf, dessen Name von *speluca* (= Höhle) herrührt, stößt die vom *Splügen-Paß* kommende Straße auf die *San-Bernardino-Route*. Der Ort ist ein typisches Bündner Dorf mit seinen hübschen stuckverzierten Häusern.

🏨2 „Posthotel Bodenhaus", „Piz Tambo".
🏨 „Pratigiana".
🏨 „Sporthotel Splügen".
⛺ „Auf dem Sand".

Die San-Bernardino-Route setzt sich in dem breiten *Hinterrheintal* fast eben nach Westen fort. Im Vorblick erkennen Sie das *Rheinquellhorn* (3200 m) mit dem *Zapportgletscher*. Auf der *N 13* umfährt man die kleinen Ortschaften *Medels* und *Nufenen*. Bei *Hinterrhein* (1620 m), 11 km, dem letzten Dorf im *Rheinwald*, liegt das Nordportal des 1967 eröffneten, 6,6 km langen *San-Bernardino-Tunnels*. – Die alte Paßstraße (*Nr. 13*) steigt in 16 dicht aufeinanderfolgenden Kehren an der steilen Südflanke des Tales aufwärts (Aussicht) und biegt dann in das öde Hochtal des *Maseggbaches* ein. Man durchfährt weitere Kehren und erreicht schließlich den

San-Bernardino-Paß (2063 m), 19 km. Der schon den Römern bekannte Paß ist nach dem **heiligen Bernhardin von Siena** benannt, der in dieser Landschaft im 15. Jahrhundert predigte. Auf der Paßhöhe der *Moèsola*-See inmitten rundgeschliffener Felsblöcke aus der Quartärzeit und ein altes Hospiz. Aussicht: im Osten *Pizzo Uccello* und *Pizzo Lumbreda* (2983 m), im Südosten der *Piz di Curciusa* und im Westen die Spitzen des *Pan di Zucchero* aus der *Zapportgruppe*.

Die südliche Paßrampe senkt sich nun in 20 Kehren durch eine herbe, unwirtliche Landschaft nach

San Bernardino (1608 m), 26 km, das in einem vom Felshorn des *Piz Uccello* (2724 m) beherrschten Talkessel am Südportal des Straßentunnels liegt und als Luftkurort und Wintersportplatz besucht wird. Lohnend ist eine Fahrt mit der Gondelbahn zur *Alpe de Confin* (Bergstation 1960 m; bemerkenswerte Aussicht).

🏨1 „Brocco & Posta".
🏨 „Bellevue", „Ravizza-National".
🚠 Gondelbahn, Skilifts.

Für die Weiterfahrt ins *Tessin* stehen Ihnen die hervorragend ausgebaute Schnellstraße *N 13* und die kurvenreiche, aber ebenfalls lohnende alte Kantonsstraße (*Nr. 13*) zur Verfügung. Beide Strecken ziehen in dem in mehreren Stufen abfallenden *Misox* (*Val Mesolcina*) über den *Pian San Giacomo* (1170 m) hinab zu dem Hauptort der Talschaft:

Mesocco (777 m; 1400 Einw.), 42 km, überragt von der viertürmigen Burgruine des Schlosses *Misox* aus dem Besitz der Familie *Sax*, die einst das *Misoxtal* und das *Calancatal* von den *Hohenstaufen* als Lehen erhielt. Kaiser *Sigismund* verlieh ihnen 1413 Grafentitel und Münzrecht. Im Lauf der nächsten Jahrhunderte verspielten sie infolge falscher Politik zwischen Mailand und dem „Grauen Bund" Macht und Reichtum, bis auch das Schloß 1526 von den Bündnern zerstört wurde. – Sehenswert ist die alte Kirche *Santa Maria del Castello* unterhalb des Burghügels, mit schönen und interessanten Fresken

Schloßruine Misox

aus dem 15. Jahrhundert, besonders den originellen 12-Monats-Allegorien und dem „heiligen Georg".

⚠ Beim Schloß.

Wer kunsthistorisch wenig interessiert ist, kann den restlichen Straßenabschnitt bis *Bellinzona* in kurzer Zeit zurücklegen. Für alle aber, die Freude an einfachen Kunstwerken verschiedener Epochen haben, geben wir Hinweise auf solche Sehenswürdigkeiten:

Soazza, 45 km; Barockkirche *San Martino*, auf einer Anhöhe über der neuen Talstraße, mit Stuck verziert und einer „Verkündigung" (1645). Eine schöne Treppenanlage führt hinauf zum Friedhof und zur *Addolorata-Kapelle*.

Lostallo, 52 km. Die Kirche *San Giorgio* (17. Jh.) hat eine restaurierte Decke mit freiliegendem Gebälk; in der *Carlo-Kapelle* interessante Illusionsmalereien des Künstlers A. Giorgioli aus *Meride* am *Luganer See*.

Torre Fiorenzana in Grono

Cama, 57 km; schöne Deckenmalereien in der *Kapuzinerkirche*.

Grono, 60 km. In der Kirche *San Clemente* eine wunderschöne Rosettendecke. Im mächtigen Turm (*Torre Fiorenzona*) wurde 1406 *Albrecht von Sax-Misox* ermordet, als er, diesmal gegen Mailand, die Stadt Bellinzona eroberte. Sehenswert auch die Kirche *San Bernardino da Siena*. In *Grono* ist die Abzweigung zur Fahrt ins *Calanca-Tal*, die besonders empfohlen werden kann. Wer wenig Zeit hat, sollte wenigstens zur Kirche *Santa Maria di Calanca* hinauffahren (siehe unten).

Abstecher ins *Val Calanca* (20 km bis *Rossa*):

Eine gut ausgebaute Straße führt von *Grono* hinauf nach *Castaneda* (779 m), das sich einer hübschen Lage über der Talmündung erfreut. Umfangreiche prähistorische Funde (175 Gräber) belegen hier eine Besiedlung in der Eisenzeit; Bronzegefäße mit etruskischen Schriftzeichen beweisen auch eine zeitweilige Besiedelung durch etruskische Ureinwohner.

Santa Maria di Calanca, eine weiße Kirche hoch über dem Tal, wurde bereits um 1000 erbaut und über Jahrhunderte hindurch kunstvoll ausgeschmückt. Der Innenraum der einschiffigen Kirche erweitert sich kaum merklich, zugleich steigert der Fußboden leicht an. Die Kassettendecke besteht aus verzierten und goldrot bemalten gekreuzten Balken. Beachtenswerte Gemälde von *Graesner* zieren die Wände des Kirchenschiffes: die „Schlacht von Lepanto" (im Jahre 1571, wobei König *Philipp II.*, der Papst und der Doge das Schlachtengetümmel beobachten, während die Jungfrau befehlend die christliche Flotte leitet) und „Fürbitte der Heiligen" (mit dem strafenden Gottvater, der erzürnt Pestlanzen auf das sündige Dorf schleudern will). Das Wandgemälde im Chor zeigt die „Krönung Mariä". Es entstand wie alle diese Bilder im 17. Jahrhundert. Auch der Altaraufsatz ist aus diesem Jahrhundert, ein Ersatz für den eigentlichen Hochaltar, der sich im Basler Historischen Museum befindet.

Vor der Kirche ein schöner Vorplatz, von dem aus man einen unvergleichlichen Blick ins Tal hat. Ein breiter Treppenaufgang führt zurück ins Dorf.

Wir fahren zurück bis zum Wegweiser nach Buseno. Die Talstraße führt am Hang hoch über dem tiefen Einschnitt

Santa Maria di Calanca

des Calancasca-Baches durch Birken- und Kastanienwälder zu den einzelnen abgelegenen Orten des Calancatales:

Buseno (interessante Kuppelkonstruktion und Tonnengewölbe in der Kirche von 1774); *Arvigo* (alte Bogenbrücke); *Selma*, dann *Bodio* im nun düster werdenden Tal; *Cauco* zwischen mächtigen Felsblöcken; *Santa Domenica* (schöne Barockkirche, 1662–74); *Augio* (romantischer Wasserfall); *Rossa*, am Talende, von wo der Blick den *Calancasca*-Bach entlang hinauf zum talbeherrschenden *Pizzo Rotondo* (2832 m) geht.

Auf der Rückfahrt zum *Misoxtal* und nach *Grono* wird man noch viele reizvolle Ausblicke und Fernsichten haben.

*

Roveredo (297 m), 62 km, schön im Talkessel gelegen, ist reich an sehenswerten sakralen Kunstwerken; wir nennen: die Kirche *Madonna del Ponte Chiuso*, an der Brücke über einer alten *Loretto*-Kapelle im 17. Jahrhundert erbaut, mit sieben prachtvollen Altären ausgestattet, mit Barockschmuck an den Gewölben und Wandbildern im Innenraum; in der Kirche *San Giulio* aus dem Mittelalter sollten Sie die Renaissancefresken von *Cristoforo da Serengo* (1479) und in *Sant'Antonio* Stukkaturen, Fresken (14. Jh.) und reichverzierte Altäre (1700) beachten.

San Vittore (279 m; 700 Einw.) 64 km, ist das letzte bündnerische Dorf im Tal. Besuchen sollte man die Stiftskirche *San Vittore* mit dem fast quadratischen Schiff, den malerischen *Pala-Turm* auf einem Felsen und die kleine karolingische Kapelle *San Lucio*, deren älteste Teile in Form eines Mausoleums kreisrund gehalten sind. — Hinter *San Vittore* verlassen wir *Graubünden* und kommen in den Kanton *Tessin*, dessen Hauptort *Bellinzona* wir nach Einmündung in die *St.-Gotthard-Paßstraße* bei *Arbedo* schnell erreichen.

Bellinzona, 73 km, siehe Seite 29.

Route 3: Disentis–Lukmanier-Paß–Biasca (63 km)

Wer den *St.-Gotthard-Paß* bereits kennt oder ihn zur Hauptreisezeit des starken Verkehrs wegen meiden möchte, dem empfehlen wir, in *Andermatt* über den *Oberalp-Paß* nach *Disentis* und von dort über den *Lukmanier-Paß* nach *Biasca* zu reisen. Beide Paßstraßen sind einfach zu befahren, landschaftlich sehr reizvoll und mittlerweile gut ausgebaut. – Auch für die Rückfahrt im eigenen Fahrzeug ist vom *Tessin* aus diese Variante zu empfehlen, wenn man es nicht vorzieht, eine der Ostrouten durch *Graubünden* zu benutzen (siehe den Polyglott-Reiseführer „Ostschweiz/Graubünden").

Kloster Disentis

Wir beschreiben im folgenden die Fahrt im *Medel-* und im *Blenio-*Tal.

Disentis (1150 m; 2500 Einw., rätoromanisch *Mustér*), auf einer Terrasse am Zusammenfluß von *Vorder-* und *Mittelrhein* gelegen, mit der stärksten Radonquelle der Schweiz (z. Zt. kein Kurbetrieb), ist ein beliebter Ferienort. Er wird beherrscht von dem weißen zweitürmigen Klosterbau, dessen Gründung in die Zeit der *Karolinger* zurückreicht. *Otto der Große, Friedrich I. Barbarossa* und andere Kaiser weilten als Gäste in dem Kloster, dessen Äbte unabhängige Reichsfürsten waren. Die Äbte *Adelbert II.* und *Adelbert III.* ließen 1685 bis 1704 die weiten Klosterbauten errichten sowie die Abteikirche bauen und ausschmücken, die dann 1799 von den Franzosen in Brand gesteckt wurde. Hinter der alten Fassade bauten die Benediktiner im 19. Jahrhundert Kloster und Kirche wieder auf. Heute befindet sich hier eine Klosterschule.

Kabinenseilbahn, 3 Skilifte. – ⚿.

Wir fahren von *Disentis* in großen Kehren in die tiefe *Medelschlucht* („Höllenschlucht") und durch Galerien und Tunnel nach

Curaglia (1332 m), dem größten Ort des Tales. Die Kirche mit dem Zwiebelturm besitzt einen gotischen Schnitzaltar aus dem 16. Jahrhundert. Beachten Sie hier – und bis hinauf zur Paßhöhe – die dunklen Holzbauten der Häuser und die Kirchen mit den typischen Turmspitzen: Der Paß ist nicht nur Wasserscheide und Sprachgrenze (italienisch – rätoromanisch), sondern auch Trennlinie von Bauart und -form, denn im Tessin werden uns vornehmlich Steinbauten und schlanke Kampanile begegnen.

Platta (1380 m). Südöstlich die Felsspitzen des *Piz Medel* (3210 m) und des *Piz Cristallina* (3129 m). Interessant ist das 6 m hohe Christophorusbild an der Außenmauer der Pfarrkirche, die einen schönen Rokokoaltar besitzt. Der Ort ist stark lawinengefährdet. In der Nähe ein schöner Rheinwasserfall.

Im nun enger werdenden Tal steigt die Straße weiter an, passiert *Fuorns* und kommt in *Acla* an der *St.-Jakobus-Kapelle* vorbei, in der ein gotisches Altarbild aus dem 16. Jahrhundert zu sehen ist. Kurz dahinter, bei *Fumatsch*, wieder ein großartiger Wasserfall des Rheins, ehe bei *Perdatsch* von links das *Cristallina-Tal* einmündet. Nun steigt die Paßstraße in ein wildes, von Felsen übersätes und nur mit Zwerghölzern

Jakobuskapelle in Acla

und Büschen bewachsenes Hochtal. Im Vorblick wird die mächtige, 117 m hohe Betonmauer des neuen Speicherbeckens (Stauziel 1908 m) am *Lukmanier* sichtbar, in dessen Fluten das alte Hospiz *Sta. Maria* versank.

Auf der Straße *Nr. 61* durchfährt man zwei Kehren und anschließend eine 2 km lange Lawinenschutzgalerie. Dann folgt die breite, zwischen dem *Pizzo dell'Uomo* (2662 m) und dem *Scopi* (3187 m) eingelagerte Senke des

Lukmanierpasses (roman. *Cuolm Lucmagn*, ital. *Passo del Lucomagno*; 1916 m), 21 km. Auf Tessiner Boden senkt sich die Paßstraße mäßig in die vom *Brenno* entwässerte *Valle del Lucomagno*. Kurz vor der Häusergruppe *Acquacalda* (1753 m) wird der Blick auf das im Osten aufragende *Rheinwaldhorn* (3402 m), die höchste Erhebung der *Adulagruppe*, frei. Dann geht es in einer langen Hangstrecke, die unterhalb von *Camperio* (1228 m) in eine weite Schleife ausmündet, in die Talsohle der *Val Blenio* hinab. Kurz vor

Olivone, bei der Häusergruppe *Scona* (925 m), zweigt links eine Asphaltstraße in das *Luzzonetal* ab (11 km über *Campo Blenio* bis zur Krone der 208 m hohen Staumauer des *Lago di Luzzone*, 1590 m).

Olivone (893 m; 850 Einw.), 40 km, ist der oberste Ort im sonnigen *Bleniotal*. Das stattliche, aus mehreren Fraktionen bestehende Dorf liegt in einem sich gegen Süden öffnenden Talkessel unmittelbar am Fuß des kahlen, steil aufragenden *Sosto* (2220 m). Beachtung verdient die Pfarrkirche (17. Jh.) mit ihrem romanischen Campanile; in der *Ca da Rivöi* (17. Jh.) ist ein besuchenswertes *Regionalmuseum* eingerichtet (Trachten, Möbel, ländliche Arbeitsgeräte, Skulpturen, Gemälde, volkskundliches Material, Dokumente zur Talgeschichte).

Aquila, 43 km. Hier hat man die Möglichkeit, anstatt auf der Hauptstraße *Nr. 61* am linken Ufer des *Brenno* über *Malvaglia* nach *Biasca* weiterzufahren, die kunsthistorisch viel interessantere rechte Talseite zu wählen und vor allem das Kleinod des Tales, die Kirche von *Negrentino*, zu besuchen.

Wir beschreiben zuerst den zuletzt genannten Weg:

Man bleibt am Talhang, läßt *Largario* rechts oben liegen, fährt dann durch *Ponto Valentino* und trifft auf *Castro*, das – wie der Name sagt – an dem Platz errichtet ist, wo sich einstmals ein römisches Lager befand. In der Kirche *San Giorgio* gibt es – leider schon stark zerstörte – Apostelfresken (12. Jh.). Von *Prugiasco* führt eine schmale, aber asphaltierte Straße (3 km) hinauf nach

Leontica (875 m; Sessellift ins Wintersportgebiet Nara, 1500–2000 m). Nur wenige Gehminuten nördlich vom Ort, auf einer aussichtsreichen Anhöhe, liegt die kunsthistorisch außerordentlich interessante Kirche *San Carlo in Negrentino* (Schlüssel in den beiden Restaurants von Leontica).

Sie wurde im 11. und 12. Jahrhundert erbaut. Dem ersten Schiff fügte man ein durch zwei große Bögen verbundenes zweites hinzu. Beide Decken sind flach und getäfelt. Der romanische Glockenturm steht frei neben der Kirche. Selten sind die Farben von Wandbildern so leuchtend wie hier erhalten geblieben. Das älteste Bild, „Christi Himmelfahrt", an der Westwand des Schiffes, entstand im 12. Jahrhundert und zeigt Jesus inmitten der Apostel in einem Regenbogen.

34

Kirche von Negrentino

Die Apsisbilder wurden später gemalt (um 1500), wahrscheinlich von *Antonio da Tradate* oder seinen Schülern; die übrigen überaus reichen Fresken stammen aus dem Zeitraum vom 12. bis 15. Jahrhundert. Zwei Bilder stellen den *heiligen Ambrosius* dar, der im Mittelalter Schutzpatron der Täler *Leventina* und *Blenio* war, die man damals die ,,ambrosianischen Täler" nannte. Das Bild des Heiligen mit der Geißel in der Hand erinnert an den Sieg der Mailänder bei *Parabiago*, den sie nur dieser Erscheinung zu verdanken glaubten.

Das neuere Mittelschiff ist ganz mit Szenen aus dem Leben Mariä bemalt, und für Bilder musizierender Engel und Putten ist selbst auf Bögen und Zwischenfeldern jeder freie Platz ausgenutzt.

Von *Leontica* fahren wir auf aussichtsreicher Höhenstraße weiter nach

Corzoneso. Sehenswert ist hier die kleine Außenkapelle der Pfarrkirche *Santi Nazzaro e Celso*. Vor allem die Fresken (1587) in der Kapelle und der Sakristei (,,Kreuzweg", ,,Heiliger Nazzaro") werden Sie ihrer Farben und ihres geradezu archaischen Ausdrucks wegen beeindrucken.

Bevor man auf dem Rückweg ins Tal über den Fluß nach *Dongio* fährt, sollte man die Abzweigung (rechts) nicht verfehlen. Er führt zur Kapelle *San Remigio* mit meisterhaften romanischen Malereien, vor allem in der Apsis: die Apostel Lukas, Paulus mit Schwert, Petrus mit Schlüssel; im Kirchenschiff ein heiliger Christophorus und ein Bischof (Schlüssel bei Fam. Concoprio in Boscero).

Von *Dongio* bis *Motto* benutzen wir die Hauptstraße, biegen dann aber wieder zur anderen Talseite hinüber. Südlich *Ludiano* stehen die Ruinen des Schlosses *Serravalle*. Im 12. Jahrhundert wurde es durch die *Fürsten von Torre* erbaut. Kaiser *Friedrich I. Barbarossa* blieb, als er über die Alpen zog, um *Mailand* zu unterwerfen (1176), längere Zeit hier. Im 14. Jahrhundert übernahmen es die Mailänder *Visconti*, und 1402 zerstörten es die Bauern des ,,ambrosianischen Tales", als sie die italienische Herrschaft stürzten. — Von der kleinen Burgkapelle aus hat man einen schönen Blick nach beiden Talrichtungen.

Nachdem wir Semione durchfahren haben (interessantes, 1972 eröffnetes Mineralienmuseum), treffen wir bei Loderio wieder auf die Hauptstraße, die wir anschließend beschreiben:

Lottigna (626 m), 47 km: besuchenswertes *Heimatmuseum* im ehemaligen Landvogthaus, dem Palazzo del Pretorio.

Acquarossa (530 m), 51 km, kleiner Kurort mit arsenhaltigen Eisenquellen (z.Zt. kein Kurbetrieb) am Fuß des 2580 m hohen *Simano*, dessen Gipfel eine herrliche Aussicht gewährt (Aufstieg ca. 6 Std.).

Über *Dongio* und *Motto* erreicht man das an der Mündung der wildromantischen *Val Malvaglia* gelegene Dorf

Malvaglia, 58 km. Bemerkenswert sind die Fresken (16. Jh.) am Turm und an den Außenmauern der Kirche von Malvaglia. Auch der Innenraum ist bunt bemalt mit Szenen aus dem Leben Christi, mit Kirchenvätern und mit Heiligen, wobei an Außen- wie Innenmauern immer wieder das Bild des *heiligen Christophorus* zu finden ist. Antonio Tradate (um 1500) und Bernardino Serodine (um 1600) sind die Schöpfer dieser Fresken.

Von Malvaglia führen kühn angelegte Bergstraßen in die Täler des Orino (bis Madra, 11 km) und der Legiuna (bis Pontirone, 8 km).

Der letzte Teil des Weges nach *Biasca* führt an schiefergrauen Schutthügeln entlang. Ein Hangstück des *Pizzo Magno* (2328 m) stürzte im Jahr 1512 ins Tal, staute den *Brenno* zu einem See auf, der nach zwei Jahren plötzlich abfloß und mit einer Flutwelle die Täler bis *Bellinzona* verheerte.

Biasca, 63 km, siehe Seite 28.

Route 4A: Bellinzona–Locarno (21 km)

Die nur 21 km lange Strecke führt am Fuß der *Tessiner Alpen* durch die *Magadino-Ebene*. Der eilige Reisende kann daher in kurzer Zeit *Locarno* erreichen. Wer aber etwas Zeit opfern will, dem wird ein Abstecher zu den *Monti di Motti* unvergeßliche Eindrücke vermitteln: Ein prächtiger Blick in die *Magadino-Ebene*, auf den *Lago Maggiore* und das Gipfelpanorama.

Monte Carasso ist hinter *Bellinzona* der erste Ort am rechten Ufer des *Tessins*. Vor dem Fußmarsch zur etwa 1¼ Stunden vom Talgrund entfernten schlichten *San-Bernardo-Kapelle* besorge man sich beim Pfarrer in *Monte Carasso* den Schlüssel. Vorbei an den Kirchen *Santa Trinità* und *Santa Maria* kommt man zu dieser in tiefer Einsamkeit liegenden Bergkirche. Die Vorhalle und der gesamte Innenraum sind mit Fresken (15. bis 17. Jh.) übersät; die Kapelle gilt als eine der anmutigsten Bergkirchen im ganzen Tessin. Ihr Baujahr ist allerdings nicht bekannt.

Weiterfahrt auf der Straße *Nr. 13* durch *Gudo* nach *Cugnasco*, wo vor allem das Fresko „Jüngstes Gericht" (15. Jh.) an der Eingangswand der Kapelle *Madonna delle Grazie* sehenswert ist.

Wollen Sie nun den sehr lohnenden Abstecher nach *Ditto* und den *Monti di Motti* machen, dann besorgen Sie sich zuerst beim Pfarrer den Schlüssel für die Bergkapelle. Von der Kapelle *Madonna delle Grazie* folgen Sie zuerst dem Wegweiser „Medoscio" bis zum *Medoscio-Sanatorium* und fahren dann rechts in Richtung *Ditto* in engen Kehren steil bergauf. Machen Sie dann einen kurzen Halt an der Kapelle von *Curogna* (fensterlose Apsis, Decke mit offenem Gebälk, Fresken aus dem 15. Jahrhundert).

Nun geht es durch die *Pestaschlucht*, dann noch einmal steil bergauf, und das erste Ziel, *Monti di Ditto*, ist erreicht.

Die an Fresken reiche Kirche *San Martino* (15. Jh.) steht auf einem Felsen, von dem aus man eine unvergleichliche Aussicht genießt. Im Mittelalter und noch bis ins 19. Jahrhundert hinein flohen die Einwohner von *Cugnasco* (2 ⌂) vor den sommerlichen Fieberseuchen der versumpften *Magadino-Ebene* in das Bergdörfchen *Ditto*.

Noch einmal geht es steil bergauf und durch die Schluchten der *Valle Cascale* zu den 1067 m hohen *Monti di Motti* (herrliches Panorama). — Auf der Fahrt zurück ins Tal werden Sie noch einmal prachtvolle Fernblicke genießen können, besonders zum *Lago Maggiore* und über die *Magadino-Ebene* zum *Monte Ceneri*. Im Tal Weiterfahrt durch *Gordola* (Abzweigung ins *Val Verzasca*, siehe S. 38) nach *Minusio*, wo *Stefan George* 1933 starb und beigesetzt wurde. Biegen Sie dort links ab zum *Lago Maggiore* nach *Rivapiana*. Unterhalb der barocken *San-Quirino-Kirche* und einem alten Wachtturm steht die schmucklose *Cà di Ferro* („Eisernes Haus"), eine Kaserne aus dem 16. Jahrhundert, wo der Kondottiere *Peter a Pro* seine Söldner für den *Herzog von Savoyen* ausbildete; später war sie Residenz der Landvögte von *Uri*.

Die Weiterfahrt am See ist nicht möglich, sondern man muß zur Hauptstraße zurück, auf der man bald *Locarno* erreicht.

36

Route 4 B: Bellinzona–Lugano (34 km)

Von *Bellinzona* führt das letzte Teilstück der *Gotthard-Straße* über den *Monte-Ceneri-Paß* an den *Luganer See*. Von einer ausgezeichnet ausgebauten Schnellstraße mit Ortsumgehungen zweigen gut befahrbare Wege in Dörfer mit schönen Kirchen und anderen Sehenswürdigkeiten sowie in wilde Nebentäler ab. Wer Zeit hat, sollte ihren Besuch nicht versäumen, denn das wirkliche Tessiner Volksleben kann man nirgends besser als abseits der großen Touristenrouten beobachten. Alle Orte dieser Gegend sind von *Bellinzona* oder *Lugano* auch mit Bahn oder Postautobus zu erreichen.

Giubiasco, 3 km, ist Ausgangspunkt für einen Besuch der *Valle Morobbia*, zwischen den Gipfeln des *Monte d'Arbino* (1700 m) und des *Pizzo di Corgella* (1707 m). Hinter der Platanenallee beginnen die Serpentinen nach *Loro* und führen weiter durch Weinfelder nach *Pianezzo*; in der kleinen Kirche interessante Fresken „Abendmahl" und „Christus", mit herben Tessiner Bauerngesichtern. Auf der Weiterfahrt bietet sich dann ein großartiger Blick zum *Lago Maggiore* und zu den *Walliser Alpen*.

Hinter der Talsenke von *Carmena* geht es noch einmal steil bergan. Beachten Sie in *Melera* die schönen hölzernen Loggien und die Steinplattendächer! Dann erreicht man *Carena* (958 m), den Endpunkt der Straße, 11 km. Der Abstecher ins *Morobbiatal* führt in ein vom Wohlstand unserer Zeit „vergessenes" Tessin, wie man es auch in anderen sich allmählich entvölkernden Bergregion des Sopra Ceneri findet.

Auf der Straße *Nr. 2* fahren wir weiter nach *Cadenazzo* (⚠), wo rechts die Straße nach *Locarno* abzweigt (durch die *Magadino-Ebene*, 15 km). Unsere Route steigt nun in langen Kehren hinauf zum Paß

Monte Ceneri (554 m), 16 km. Für die Tessiner bildet er die Grenzscheide zwischen dem Nordteil („Sopra-Ceneri") und dem Südteil („Sotto-Ceneri") ihres Landes. Vom Gasthaus auf der Paßhöhe hat man einen prächtigen Rundblick. In der Nähe steht der Landessender *Monte Ceneri* für die italienischsprachige Schweiz. Die Eisenbahn fährt unter der Paßhöhe im vorletzten Tunnel der Gotthard-Linie hindurch.

Val Vedeggio heißt das Tal zwischen dem *Monte Ceneri* und dem *Luganer See*, ein typisches Tessiner Tal mit sonnigen Dörfern an Hügeln und Bergen.

Bironico, 19 km. Beachtenswert ist die Kirche *San Martino Vescovo* mit getäfelter Holzdecke (15. Jh.) und Barockgemälden im Chor; weiter die Kirche *Santa Maria del Prato* (1565), mit dreijochigem Schiff, Kuppel und Stuckornamenten. – Im benachbarten *Rivera* liegt die Talstation der neuen Gondelbahn, die ein prächtiges Wander- und Skigebiet (Lifts) an der Ostflanke des aussichtberühmten *Monte Tamaro* (1962 m) erschließt (Bergstation auf der *Alpe Foppa*, 1500 m; zum Gipfel des *Tamaro* $1^1/_4$ Std.).

Mezzovico. An der Straßengabelung zum Ort steht die romanische Kirche *San Mamete* mit einem Kreuzigungsfresko (15. Jh.). – ⚠.

Taverne, 26 km. Von diesem Industrieort kann man Spaziergänge zum *Origlio-See* und nach *Tesserete* (siehe S. 22) unternehmen. – 2 ⚠.

Lamone. Abzweigung über *Grumo*, *Bioggio* und *Agno* zum Nordwestzipfel des *Luganer Sees*, mit großen Campingplätzen bei *Agno-Agnuzzo*, und über *Ponte Tresa* (Grenzort) zum *Lago Maggiore*. Über *Lamone* erhebt sich die Kirche *San Zenone*, von der man eine schöne Aussicht hat.

Durch *Cadempino* und *Vezia* senkt sich die Straße langsam zum *Luganer See*.

Lugano, 34 km, siehe Seite 18.

Route 5: Locarno – Val Verzasca – Sonogno (30 km)

Man verläßt *Locarno* auf der Straße *Nr. 13* und kommt über *Muralto*, *Minusio* und *Tenero* nach *Gordola* (5 km), dem Eingangsort ins *Verzasca-Tal*. – ⛺ „Camping Europa".

Die Straße (6 Tunnels) steigt in einer engen Schlucht an. Dann kommen wir zu einem 5 km langen Stausee mit 220 m hohem Damm, erbaut 1961–65. Links oben über dem See, dem *Lago di Vogorno*, erblicken wir das Dorf *Mergoscia* mit Häusern aus rohen Steinblöcken und mit weißgekalkten Fenstersimsen, der typischen Bauweise des Tales (siehe auch nächste Seite).

In *Vogorno* (494 m) sollten Sie kurz die Kirche besuchen. An den Außenwänden sind Fresken aus dem 15. Jahrhundert („Kreuzigung", „Thronende Maria", „Erzengel Gabriel"), in der Kirche solche aus dem 13. Jahrhundert (zehn Heilige in byzantinischer Gewandung) zu sehen. Am Ende des Stausees kann man über eine kleine Brücke zum malerischen Dörfchen *Corippo* (570 m) gelangen.

Die *Val Verzasca* weitet sich, und von rechts mündet das *Lavertezzo-Tal* ein.

Lavertezzo (545 m), überragt von der hohen Barockfassade der Kirche mit dem schlanken Glockenturm, ist eines der schönsten Dörfer des Tales. Eine zweibogige Steinbrücke nördlich des Dorfes stammt aus dem Mittelalter.

Kurz hinter dem Ort erstreckt sich ein Talabschnitt, der mit Felsblöcken und mächtigen Gesteinstrümmern übersät ist — Überreste aus der nacheiszeitlichen Epoche, als hier nach einem

Die folgenden vier Routen (5, 6, 7, 8) führen von *Locarno* aus in wilde und romantische Täler mit einsamen, weit auseinanderliegenden Dörfern, die entweder in ländlicher Lieblichkeit oder an wilden Steilhängen liegen: das dunkle *Verzasca-Tal*, das weitverzweigte Tal der *Maggia*, das anmutige *Onsernone-Tal* und das romantische *Centovalli*. Für jedes Tal werden Sie mindestens einen Tag ansetzen müssen.

Die Entfernungen sind zwar klein, aber es gibt dort so viele Schönheiten und Sehenswürdigkeiten, daß man nur auf einem geruhsamen Ausflug den Reiz dieser Täler voll erleben kann.

In alle genannten Täler fahren von *Locarno* aus regelmäßig Postautobusse oder die Eisenbahn (Fahrpläne und Preise sind im Auskunftsbüro im Bahnhof zu erhalten).

Lavertezzo

Bergsturz etwa 60 Millionen cbm Gestein das Tal sperrten, die *Verzasca* bis *Sonogno* stauten und im Verlauf von Jahrtausenden aus Sedimenten die Talebene aufbauten.

Brione, 23 km, ist der Hauptort des Tales, an der Einmündung der *Osola* in die *Verzasca*. Auffallend ist das viertürmige Schloß der *Marcacci* aus *Locarno*. Besuchen Sie die Gaststube im „Antiken Saal", an dessen gewölbter Decke sich ein von Stukkaturen eingerahmtes Fresko befindet. Das Wappen über dem Kamin ist das der *Marcacci*. Andere Fresken finden Sie am Schulhaus sowie (daneben) an und in der Kirche, so an der Kirchenmauer einen *Christophorus* aus dem 13. Jahrhundert und in dem Gotteshaus ein „Abendmahl", „Anbetung der Könige", „Taufe von Jesus", gemalt im Stil von *Giotto*. (Der von

Mergoscia

Stadt. Nach einigen Wegbiegungen erreichen wir Brione, das oberhalb von *Minusio* liegt. Noch ist der Blick frei nach Süden auf den See und die fruchtbare Ebene von *Magadino*. Hinter *Contra*, das auf zwei Bergterrassen um die Kirche *San Bernardo* herum erbaut wurde, wird die Hangstraße enger. Sie windet sich durch Kastanienwälder, an Steilabfällen entlang und über einige Brücken. Dann gelangen wir nach *Mergoscia*, über dem Stausee *Lago di Vogorno* gelegen.

In *Mergoscia* lohnt es sich, einen Blick in die barocke Pfarrkirche auf die „Madonna im Kreise der Heiligen", eine Wandmalerei aus dem 15. Jahrhundert, zu werfen. Kirche, Vorplatz und Friedhof sind auf Terrassen zum Talabfall hin erbaut. Über dem *Verzasca-Tal* ragt — die Landschaft beherrschend — der *Pizzo di Vogorno* (2446 m) empor; im Süden ist der *Lago Maggiore* noch zu sehen. Man genießt prächtige Ausblicke auf die Talsperre, den Stausee und die an seinem Ostufer entlangziehende Straße.

Fresko in der Kirche von Brione

Matheis Miller aus Lindau 1502 geschnitzte Altar der Kirche steht heute im Landesmuseum in *Zürich*.)

Im ebenen Talstück durchfahren wir die Orte *Gerra* und *Frasco* und erreichen das Talende.

Sonogno (930 m), 30 km, der letzte Ort im *Verzasca-Tal*, ist wegen seiner rauchgeschwärzten Steinhäuser im alten Ortsteil besuchenswert. Außerdem lassen sich von hier aus viele Fußtouren unternehmen: in die Hochtäler von *Redorta* und *Vogornesso* und über Paßpfade ins Tal der *Maggia* und zum *Tessin* ins *Leventina-Tal*.

Von Locarno nach Mergoscia (12 km). Vorbei am Wallfahrtskloster *Madonna del Sasso* verlassen wir Locarno und kommen nach *Orselina*, oberhalb der

Gordola, Tenero und Lago Maggiore

Route 6: Locarno–Maggia–Cevio–Fusio (48 km)

Das Tal der *Maggia* ist nach dem gleichnamigen Bergfluß benannt, der mit wilden Nebenflüssen aus den Hochtälern zum *Lago Maggiore* hinabfließt und dabei beträchtliche Mengen Gestein mitreißt. Dadurch entstand das Schwemmland-Delta, das sich immer weiter in den See hinausschiebt und eines Tages das Nordende des *Lago Maggiore* teilen wird.

Locarno und *Ascona* sowie die Mehrzahl der Taldörfer werden künftig von Überschwemmungen verschont bleiben, da die wilde *Maggia* durch Stau- und Speicherbecken, Laufwerke und andere Regulierungen gezähmt und ihre Kraft zur Elektrizitätserzeugung ausgenützt wird.

Die eigentliche *Valle Maggia* reicht von *Ponte Brolla* bis *Cevio-Bignasco* und setzt sich verästelt fort in den Tälern *Val di Campo*, *Val Bavona* und *Val Lavizzara*. Viele Reisende wählen eine Talfahrt bis *Fusio*, am Ende des *Lavizzara-Tales*. Für alle aber, die Zeit und Muße genug haben, beschreiben wir auch die beiden anderen, einen Abstecher lohnenden Täler. Wer nicht über ein eigenes Fahrzeug verfügt, kann sich der fahrplanmäßig verkehrenden Autobusse bedienen (nach *Campo*, *Bosco-Gurin*, *S. Carlo*, *Cevio-Fusio*).

Locarno verlassen wir auf der *Via Vallemaggia* und erreichen (auch Autobusverbindung) *Ponte Brolla* (5 km), wo wir uns rechts halten, denn nach links führt die Straße durch das *Centovalli* nach *Domodossola* und zum *Simplon-Paß*.

Gleich hinter dem Ort treten die Felswände eng zusammen, und man kann die abtragenden Kräfte der *Maggia* in den geschliffenen und polierten „Erosionsmühlen" recht gut erkennen. (Erosionsmühlen sind Strudellöcher im Felsboden. Die ausnagende Tätigkeit des Gletscherwassers wird durch herabfallende Steine verstärkt. Beim Ausstrudeln entstehen glatte Schliffe im Fels, die Steine werden rund poliert.) Bei *Avegno* (△) beginnt das Tal in einem weiten Kessel, der sich vor *Gordevio* (△) noch einmal schließt; dann erhält die Landschaft ihren endgültigen Charakter: ein breites Talbett, flankiert von bis zu 2500 m hoch ansteigenden Bergen, von denen die Bäche oft nur in Wasserfällen oder Kaskaden ins Tal hinabstürzen können.

Nach kurzer Zeit erreichen wir das Dörfchen *Aurigeno* am Fuß des grünbewachsenen *Monte Salmone* (1563 m). Wir fahren weiter und kommen nach

Maggia, 14 km. Wir halten auf dem Dorfplatz vor dem Brunnen, denn hier, im „Ristorante Poncini", erhalten Sie den Schlüssel für die schönste Kirche des Tales, *Santa Maria delle Grazie di Campagna*, die Sie vielleicht bereits am linken Straßenrand, etwa 700 m vor dem Ort, bemerkt haben. Wir empfehlen Ihnen sehr, dorthin zurückzufahren.

Arkaden bilden die Vorhalle; man betritt die Kirche an der rechten Längsseite. Die getäfelte Holzdecke ist schön ausgemalt; in der gewölbten Seitenkapelle findet man Stuckarbeiten; im hinteren Teil der Kirche er-

Maggia: Fresken in „Santa Maria delle Grazie di Campagna"

zählen rührend einfach gemalte, aber sehr phantasievolle kleine Votivbilder von Unglücksfällen. Viele der kolorierten Zeichnungen stammen vom Bauernmaler *Vanoni di Aurigeno*. Hauptsehenswürdigkeit aber sind die Fresken aus dem Jahre 1528, insbesondere an der rechten Seite des Schiffes „Christi Geburt", „Flucht nach Ägypten" und „Kindermord zu Bethlehem" (z. Zt. in Restauration).

Bevor Sie weiterfahren, sollten Sie einen kurzen Spaziergang durch den Ort machen, der alle charakteristischen Eigenschaften eines Tessiner Dorfes aufweist. Beachten Sie die Bauweise der Häuser, die freistehenden Steintreppen, die Granitträger für die hängenden Reben, die vielen alten Wandbilder neben schönen Portalen und überall die malerischen blumengeschmückten Hofwinkel.

Am Ortsausgang steht die prächtige andere Kirche von *Maggia*, *San Maurizio*, zu der 100 Stufen hinaufführen und von deren Vorplatz man einen weiten Blick auf Ort und Tal genießt.

Zwischen Weinbergen, die auf langen Terrassen angelegt sind, und an weiten Maisfeldern vorbei fahren wir durch *Coglio* (Kirchplatz mit restauriertem Beinhaus und historischem Weihwasserbecken) und *Giumaglio* nach *Someo* (21 km). Rechts hinter dem Ort stäuben aus etwa 100 m Höhe die Kaskaden des *Soladino* in einem Schleierfall hinunter. Dann folgt – ebenfalls rechts – das Dörfchen *Riveo* und am anderen Ufer auf einem grauen Schuttkegel über der *Maggia* der kleine Ort *Boschetto*.

Cevio (500 Einw.), 28 km, war bereits im 15. Jahrhundert Regierungssitz der Mailänder *Visconti*. Am ovalen Dorfplatz sieht man am *Gerichtshof* die zwölf Wappen der souveränen Orte und das *Schloß* der Landvögte (Barockportal). Außerhalb des Dorfes steht auf einer Terrasse links der Straße die Pfarrkirche (1668), mit gruseligen Malereien an Wänden und Decken des Beinhauses. – Heimatmuseum.

★

Abstecher nach *Bosco-Gurin* und ins Tal von *Campo:*

Das zur Gemeinde *Cevio* gehörende Dorf *Rovana* besitzt eine Sehens-

41

würdigkeit, die denen von *Cevio* selbst nichts nachsteht: das Kirchlein *Santa Maria del Ponte*, mit sehr beachtenswerten Säulen und Arkaden am Vorbau und einem Innenraum, in dem Stuckarbeiten und Wandmalereien in Form und Farbe harmonisch ineinander übergehen. 1651 ließ die Adelsfamilie *Franzoni* dieses barocke Kunstwerk errichten.

Hinter der Kirche steigt die Straße in engen Kehren bergan und erreicht *Linescio*, einen Ort, der so tief zwischen den Bergen liegt, daß ihn drei Monate im Jahr kein einziger Sonnenstrahl trifft.

Collinasca ist das nächste Dorf, von dem aus sich noch einmal kühne Serpentinen zur Talgabel von *Cerentino* (980 m) hinaufwinden (10 km).

Wir besuchen zuerst das *Campo-Tal*, dessen Höhe (etwa 1300 m) wir nach der Steigung hinter *Niva* erreichen. Der Ort *Campo* (7 km ab *Cerentino*) liegt landschaftlich schön auf einem weiten Hochplateau, doch die Hochfläche senkt sich und droht abzurutschen, was schiefe Wände, Risse in Haus- und Kirchenmauern bestätigen. Dennoch errichteten die Bewohner schöne Bauten und schmückten sie mit Kunstwerken. So baute die Familie *Pedrazzini*, die sich in Deutschlands Handelshäusern und mexikanischen Silberminen ein großes Vermögen erarbeitet hatte, in *Campo* ihre Häuser — eines sogar mit Privatkapelle —, ließ sie von *Giuseppe Mattia Borgnis* (18. Jh.) mit Fresken reich schmücken und vergaß dabei auch die barocke Dorfkirche nicht. — Von *Campo* kann man taleinwärts noch bis *Cimalmotto* (1405 m), dem höchstgelegenen Weiler im *Val di Campo*, weiterfahren, 1,5 km.

Wir fahren zurück nach *Cerentino*, zur Gabelung ins Talstück nach *Bosco-Gurin* (6 km). Die Straße steigt steil, rund 500 m, durch Wald und Geröllfelder an und erreicht schließlich die felsenübersäten und von Lärchenwäldern unterbrochenen Weideflächen im letzten Ort des Tales.

Bosco-Gurin (1504 m), der höchstgelegene Ort des Tessins, ist auch der einzige deutschsprachige. Gegründet wurde er im Verlauf der „Walliser Wanderung" im 13. Jahrhundert von eingewanderten *Walsern*, die sich an diesem abgelegenen Ort Sprache und Brauchtum bewahren konnten.

Bosco-Gurin

Nur hier findet man Holzhäuser wie im Oberwallis; in einem, das treffend „Walserhaus" heißt, wurde ein kleines Museum eingerichtet, zum Andenken an die alemannische Vergangenheit der Vorfahren. Selbst die Naturgewalten konnten die zähen *Walser* nicht aus *Gurin* vertreiben: 1695 gab es bei einem Lawinensturz 34, 1749 bei einem weiteren 41 Tote. Zur Erinnerung daran wurde unterhalb des Dorfes die Kapelle „*Maria zum Schnee*" errichtet.
Wir erwähnen noch, daß es von *Bosco-Gurin* nach *Campo* über den 2136 m hohen Paß *Quadrella* einen etwa 9 km langen und gut begehbaren Wanderweg gibt.

*

Bignasco (449 m), 31 km, liegt an der Gabelung ins *Val Bavona*, aus dem hier der gleichnamige Fluß in die *Maggia* mündet. Das Tal der *Maggia* flußaufwärts heißt von hier ab *Val Lavizzara*. Über die alte Maggiabrücke gelangt man in den mittelalterlichen Ortsteil mit der holprigen und in der Fahrspur mit breiten Granitplatten gepflasterten Straße, an der schöne Bürgerhäuser aus dem 16. und 17. Jahrhundert stehen.

*

Abstecher ins *Bavona-Tal*:

Dieses wohl abgelegenste und stillste Tal um *Locarno* ist ein ideales Wandergebiet mit großartigen Landschaftsbildern, Seen vor dunklen Wäldern und heimeligen winzigen Siedlungen um alte Kapellen und Betstöcke (Marterln).

Basodino

San Carlo (960 m), 11 km von *Bignasco*, ist Ausgangspunkt einer Großkabinen-Seilschwebebahn, die ursprünglich für den Materialtransport beim Bau der Kraftwerksanlagen im Quellgebiet der *Bavona* angelegt wurde, heute aber dem Tourismus dient. Von der Bergstation *Robiei* (1891 m), die man nach 15-minütiger Fahrt erreicht, sind verschiedene lohnende Wanderungen möglich (u.a. über den *Cristallina-Paß*, 2568 m, nach *Airolo*).

★

Von *Bignasco* bis *Fusio* heißt der letzte Abschnitt des Maggia-Tales *Val Lavizzara* („Tal der Töpfer"), ein Name aus dem Mittelalter, als man hier aus Serpentin die *Lavezzi*, steinerne Kochtöpfe, anfertigte.

Steil steigt die Straße an, läßt links oben *Cavergno* und *Menzonio* liegen, und bald taucht vor uns *Broglio* (37 km) auf. Nicht weit hinter dem Dorf steht linker Hand, etwas über die Straße hängend, ein mächtiger Felsklotz, der *Sasso del Diavolo*. Der Sage nach rettete ein altes Mütterchen aus *Broglio* das Dorf durch ein Kreuzeszeichen davor, vom Teufel mit diesem Felsblock zertrümmert zu werden, und vor Schreck darüber ließ er noch vor *Broglio* den Felsblock fallen, den er aus Wut über den Bau der Kirche (16. Jh.) als Wurfgeschoß verwenden wollte.

Halten Sie an der Brücke in *Prato*, und gehen Sie die granitenen Fahrbahnstreifen der zum Teil überwölbten Straße zur Kirche (Fresken von *G. Borgnis*) und zur „Casa Berna", einem Bürgerhaus mit wunderbar verzierten Balken aus dem Barock.

Wenige hundert Meter entfernt liegt der Ort *Sornico*, dessen Kirche mit großen Apostelfresken verziert ist. Einst stand hier das für das Tal zuständige Gericht der Landvögte; die Kette, mit denen die Verbrecher am Pranger festgemacht wurden, hängt heute noch an der Mauer.

Peccia, 42 km, liegt an der letzten Talstufe vor *Fusio* und an der Einmündung des von links kommenden *Val di Peccia* (Straße über *San Carlo* bis zum Weiler *Piano di Peccia*, 4 km).

Im *Val Lavizzara* setzt sich die Straße über eine Serpentinengruppe fort. Man kommt an dem rechts abseits gelegenen Flecken *Mogno* vorbei und erreicht dann **Fúsio** (1289 m; 150 Einw.), 48 km. Das oberste Dorf an der *Maggia* zeichnet sich durch sein geschlossenes Ortsbild aus. Ein früher viel begangener Weg führt nordöstlich über den *Passo Campolungo* (2318 m) in die *Leventina* (nach *Rodi-Fiesso* 6 Std.). Talaufwärts ist die Weiterfahrt auf einer im Zusammenhang mit den Kraftwerksbauten im Quellgebiet der Maggia angelegten Werkstraße am aufgestauten *Lago del Sambuco* vorbei bis *Naret-Stausee* (2310 m) möglich, 15 km ab *Fúsio*. Vom Endpunkt der serpentinenreichen Bergstrecke aus sind prächtige Wanderungen möglich, so über den *Passo del Naret* (2438 m) ins *Bedrettotal* (nach *Fontana* 3½ Std.) und über den *Cristallina-Paß* (2568 m) ins *Bavonatal* (nach *Robiei* 4 Std.; vgl. li. Sp.). Geübte besteigen in 3 Std. die *Cristallina* (2912 m), einen hervorragenden Aussichtsgipfel.

Sambuco-Talsperre

Route 7: Locarno–Russo–Spruga (25 km)

Von *Locarno* aus fahren wir bis *Ponte Brolla* wie in Route 6 (siehe S. 40) beschrieben. Dann wenden wir uns nach links und folgen der Bergseite der *Pedemonte-Ebene* (*Pedemonte* = am Fuß der — „grünen und schwarzen" — Berge).

Tegna, 6 km, liegt in der Nähe eines Platzes, der schon in prähistorischer Zeit besiedelt war und auf dessen Grundmauern später römische Legionäre Bauten erstellten. Im Ort gibt es eine alte Barockkirche, dem Brunnen gegenüber eine schöne Wegekapelle und die sehenswerte *Casa Zerbola* mit Rundgängen, Treppen und Bögen auf toskanischen Säulen, umschlungen von Weinreben vor Blumen, Palmen und Kastanienbäumen.

Verscio macht einen ähnlichen Eindruck. Beachtenswert die im Kern romanische Kirche mit Fresken aus dem 15. Jahrhundert: „Christus und die vier Evangelisten", „Himmelfahrt Christi", „Die Kirchenväter" (Wandbilder aus dem 12. Jahrhundert wurden für Ausstellungszwecke von der Mauer gelöst). Meisterwerke sind das Barocktabernakel und die Ausschmückung des Kirchenschiffes. Der Tessiner Maler Beretta hat die Seitenkapellen ausgemalt. — Ein typisch Tessiner Haus ist die *Croce Federale* an der Dorfstraße besonders von der Gartenseite her betrachtet. Ihr ähnelt die nahe gelegene *Casa Leoni*, an der wir Spuren bunter Fresken, Säulen, schöngeschwungene Bögen und kunsthandwerklich meisterhafte Schmiedeeisenarbeiten finden.

Cavigliano birgt das Gemälde einer lieblichen Madonna: Fragen Sie dort nach der „Madonna a fresco". Lesen Sie dann über dem Torbogen daneben (Haus Nr. 44) den Spruch, dessen Übersetzung lautet: „Sei nicht dumm — sei nicht in anderer Zeit als in der deinigen — denn viele stümpern dem Doktor in Gewerbe: der Kurpfuscher, der Priester und der Jude, der Mönch und der Hanswurst, der Barbier und die alte Kupplerin."

Wo sich die Straße nach Norden in die Berge dreht, grüßt von links, am Beginn des *Centovalli*, der hohe Kirchturm von *Intragna*. Wir erreichen durch kleine Schluchten den Ort *Loco*, einst weithin berühmt wegen der meisterlichen Strohflechtkunst, die heute fast ausgestorben ist. Dennoch finden Sie noch jetzt an vielen Häusern im *Onsernone-Tal* Holzloggien, die zum Trocknen des Strohs dienten (Museo Onsernone).

Hinter *Chiosso* sind in dem Dörfchen *Mosogno* mehrere Bilder flandrischer Meister im *Oratorio dell'Addolorata* sehenswert, besonders die „Kreuzabnahme" von *P. Bergaigne*, einem Rubensschüler. Die Bilder sind ein Geschenk der hier geborenen Brüder *Ganzinotti*, die in *Flandern* ein gutgehendes Bankgeschäft betrieben.

Hinter *Russo* geht es in das düstere *Vergeletto-Tal* zum *Ponte Oscuro*, der „düsteren Brücke", ein Name, passend ebenso für das gesamte Tal, in dessen Tiefe die Sonne oft zwei Monate nicht eindringt. Die Straße steigt nach *Crana* an und windet sich weiter in die Höhe nach *Comologno*. Zwei Herrenhäuser fallen in diesem Ort auf, beide als Villen von der Familie *Remonda* erbaut. Am unteren *Palazzo* findet man in drei Sprachen ergötzliche Beschimpfungen, die dem Besitzer des höher gelegenen Hauses gelten. Das Bronzeglöckchen im Turm soll ein Geschenk von *Napoleon I.* an seinen General *Carlo Francesco Remonda* sein.

Spruga (1113 m), 25 km, sonnig am Hang gelegen, ist Endpunkt der Postautobuslinie. Knapp 1 km weiter, bei den zerfallenen Bädern von *Craveggia*, wird die Grenze nach Italien erreicht. Wenn Sie wollen, können Sie auf der Rückfahrt vom *Ponte Oscuro* aus noch *Gresso* und *Vergeletto* (7 km) im *Vergeletto-Hochtal* besuchen (Postautobusnebenlinie). Fußwege führen bis ins Talende bei *Casone* oder über steile Bergrücken ins *Campo-Tal* oder in die *Valle Maggia*.

Route 8: Locarno–Centovalli–Camedo (20 km)

Viadukt im Centovalli

Wer von *Locarno* aus über *Domodossola* zum *Simplon-Paß* fährt oder von dort kommt, muß das „Tal der hundert Täler" durchfahren. Erst 1908 wagte es zum ersten Male eine Postkutsche, die gefahrvoll am Talhang gebaute Straße zu befahren. 1924 war die Bahnlinie fertig, und damals wie heute hat jeder Bahnreisende das Gefühl, die *Centovalli-Strecke* bestehe vorwiegend aus Tunnels und Viadukten. Die Talstraße ist zwar sehr kurvenreich, weist aber heute einen befriedigenden Zustand auf.

Von *Locarno* aus fahren wir wie ins *Onsernone-Tal* (siehe S. 44) über *Ponte Brolla* und *Tegna* nach *Cavigliano*. Dort biegen wir nach links in Richtung *Intragna* ab; es ist nicht zu verfehlen, da ein Kirchturm (70 m), der höchste des Tessins, schon von weitem zu sehen ist. Vor dem Ort kreuzt die Straße in fast 70 m Höhe den *Isorno* auf einer Stahlbrücke mit 90 m Spannweite und führt dann hinauf zu dem malerischen Tessiner Dorf, das einen kurzen Besuch verdient. Die Pfarrkirche (18. Jh.) birgt schöne Gemälde von G.A. Orelli. In einem alten Patrizierhaus ist das *Heimatmuseum des Centovalli und des Pedemonte* untergebracht.

Auf der Weiterfahrt empfiehlt es sich, gelegentlich anzuhalten (Parkplätze) und einen Blick in die tiefe, bewaldete Klamm der *Melezza* zu werfen. Etwa 1 km hinter *Intragna* leitet ein markierter Weg steil hinab in den Schluchtgrund zu einer schönen, alten Steinbrücke („Ponte Romano", nach *Rasa* 2 1/2 Std.).

Von der Straße ausgehend, kreuzt eine Seilschwebebahn das *Centovalli* und führt nach *Rasa* am gegenüberliegenden Talhang. Kaum spürbar steigt die Straße, führt in Serpentinen um Seitentäler herum und überquert Brücken und Viadukte bis zur Stichstraße (links), die nach *Palagnedra* (657 m) führt. Wuchtig strebt über dem Ort das *Gridone-Massiv* (2187 m) auf (Besteigung: 4 bis 5 Stunden). Einen Besuch verdient die Pfarrkirche *S. Michele*. Der urkundlich 1231 erwähnte, im 17. Jahrhundert wesentlich umgestaltete Bau bewahrt kostbare spätgotische Fresken (Ende 15. Jh.) von *A. de Tradate*.

Die Schluchten bei *Palagnedra* sind in Ortsnähe durch eine 72 m hohe Staumauer abgeriegelt, und die *Melezza* bildet einen über 4 km langen tiefgrünen Stausee, der auch von der Bahnlinie aus und von der *Centovalli-Straße* hoch oben gesehen werden kann.

Nach der Felsenenge bei *Borgnone* erreicht man *Camedo* (20 km), den schweizerischen Grenzort und das Ende des *Centovalli*; die Fortsetzung dieses Tales in Italien heißt *Valle di Vigezzo*.

Route 9: Rund um den Lago Maggiore (166 km)

Ascona: Peter-und-Paul-Kirche

Mit 65 km Länge und 3–5 km Breite ist der *Lago Maggiore* (deutsch auch *Langensee*) der zweitgrößte See Oberitaliens. Sein nördlicher Teil gehört zur Schweiz, aus der auch die drei wichtigsten Zuflüsse kommen: der *Tessin*, die *Maggia* und die *Verzasca*. Der südliche Abfluß bei *Sesto Calende* behält den Namen *Tessin*. Hohe, meist bewaldete Berge umstehen die Ufer der nördlichen Seearme, die am unteren Ende des Sees südöstlich in die Lombardische Ebene abflachen. Dort wirkt das Wasser tiefblau, während es weiter nördlich eher grün aussieht. Das Klima ist sehr milde und ausgeglichen, selbst im Hochsommer, da meist ein leichter Wind weht.

Ob Sie den See im eigenen Fahrzeug oder im Postautobus umfahren — zu jedem Besuch an einem der großen Seen südlich der Alpen gehört eine Schiffsfahrt. Dampferlinien berühren regelmäßig alle Orte am Ufer; eine Seerundfahrt können Sie also auch auf dem Wasser machen!

Wir beschreiben im folgenden die in *Locarno* beginnende Uferstraße und fahren, wie auf Seite 16 beschrieben, nach *Ascona* und weiter nach *Porto Ronco* (siehe S. 17). Wenn man kurz nach *Ronco* hinauffährt, kann man von da einen großen Teil des *Lago Maggiore* übersehen. Halb rechts vor uns im See liegen die beiden

Brissago-Inseln. Man erreicht sie von *Ascona*, *Ronco* oder *Brissago* aus; sie sind Eigentum dieser drei Orte und des Kantons Tessin; sie werden auch von ihnen gemeinsam verwaltet. Auf ihnen erlebt man eine südländische Vegetation in einer seltenen Üppigkeit. Auf der höchsten Stelle der größeren Insel erhebt sich inmitten eines exotischen Parkes (Botanischer Garten) ein imposanter *Palazzo* mit von Säulen getragenen Terassen und vielen schönen Statuen, die inmitten von Blumen am Marmorfreibad stehen (im Palazzo kleines *Afrika-Museum* sowie Kunstausstellungen).

Brissago, 11 km, auf einer kleinen Landzunge terrassenförmig am See gelegen, sollte wegen der Renaissancekirche *Madonna del Ponte* (1526–45) besucht werden. Zierliche Säulen und Bogen tragen die achteckige Kuppel und die anmutige Laterne. Daneben steht der schlanke Kampanile. Als Haus Nr. 38 findet man die barocke *Casa Baccalà* mit einem schönen Portal und einem grazilen Balkon darüber.

🏨2 ,,Brenscino'', ,,Mirto au Lac''.
🏨 ,,Strandhotel Mirafiore''.
🏠 ,,Camelia'', ,,Collina'' (garni).

Madonna del Ponte

Hinter *Brissago* folgt die Grenzübertrittsstelle *Piaggio di Valmara*, 13 km. Anschließend setzt man seine Fahrt auf der italienischen *S. S. 34* fort. Kurz vor *Cannobio* zweigt rechts ein Serpentinensträßchen ab. Es zieht in Kehren steil hinauf zum prächtigen Aussichtspunkt *S. Àgata* (464 m).

Cannobio (5500 Einw.), 19 km, römischen Ursprungs, liegt an der Mündung des *Cannobina*-Tals. Sehenswert ist die Kuppelkirche *Santuario della Pietà*, 1575 an der Stelle errichtet, wo 1522 angeblich im Gasthaus eines gewissen *Thomas de Zacchei* aus den auf einem Pergamentbild dargestellten Kreuzigungswunden Blut floß, das in Tüchern und Kleidern aufgefangen wurde. Diese Pietà-Reliquien befinden sich heute in einer Bronzeurne unter dem Hochaltar, auf dem man das dort eingelassene kleine Pergamentbild sehen kann. In einer Krypta ist das Grab des Pädagogen *Don Silvio Gallotti*. Die Renaissancekuppel der Kirche stammt von *Bramante*.

Eine asphaltierte, aber sehr kurvenreiche Bergstraße führt durch das malerische *Valle Cannobina* hinauf zum *Piano di Sale* (935 m) und weiter ins *Valle Vigezzo* (nach *Camedo* an der Route 8 – 34 km).

🏨 ,,Villa Belvedere''. – 🏠 ,,Giardino''.
⛺.

Cannero (1500 Einw.), 25 km, wird seines besonders milden Klimas wegen auch *Cannero-Riviera* genannt. Im See erblickt man auf zwei kleinen Felsinseln die *Castelli di Cannero*, Ruinen von Raubburgen der fünf Brüder *Mazzarda* (15. Jh.). – Ein lohnender Abstecher führt an der Südflanke des *Monte Carza* hinauf nach *Trarego* (771 m), 6 km.

🏨 ,,Grande Italia'', ,,Cannero''.
⛺ ,,Lido'', ,,Pagoda''.

Auf der S. S. 34 geht es mit hübschen Ausblicken auf den See und das gegenüberliegende Ufer weiter. In *Oggebbio*, 30 km, nimmt eine schmale Höhenstraße ihren Ausgang, die sich als lohnende Variante zur vielbefahrenen Uferstrecke anbietet (bis *Intra* 8 km).

Ghiffa (2000 Einw.), 34 km, ist ein hübsch gelegener kleiner Ferienort inmitten einer reichen südlichen Pflan-

zenwelt, mit vielen schönen Villen.

Über dem Ort erhebt sich die Wallfahrtskirche *Della Trinità* (Fußweg 20 Min.; weite Aussicht).

Intra, 38 km, im Mündungsbereich der beiden Bergbäche *San Giovanni* und *San Bernardino* gelegen, gehört mit *Pallanza* und *Suna* zum Gemeindeverband *Verbania* (rund 36000 Einw.). An der Seepromenade befindet sich die Anlegestelle der leistungsfähigen Autofähre *Intra–Laveno*.

Eine gut ausgebaute Bergstraße führt nördlich über *Bee* hinauf nach *Premeno* (804 m), 12 km. Der Abstecher läßt sich zu einer lohnenden Rundfahrt im Hinterland von *Verbania* erweitern: *Intra – Vigone – Aurano – Pian Cavallo* (1243 m) – *Premeno – Intra* 44 km.

Pallanza, 42 km, das von der Durchzugsstraße nördlich umgangen wird, ist ein typisch italienischer Ferienort in reizvoller Lage zwischen den Südhängen des *Monte Rosso* und der *Punta Castagnola*, einer weit in den See vorspringenden Halbinsel, die prachtvolle Ausblicke auf die drei Arme des *Lago Maggiore* bietet. Von der Seepromenade in Richtung *Punta Castagnola* gesehen, liegt nur etwa 50 m vom Ufer entfernt die kleinste der Borromeischen Inseln, *Isolino San Giovanni*, weiter rechts *Isola Madre* und entfernter *Isola Bella* und *Isola dei Pescatori*.

Über dem Ort ragt grüßend die *Torre Campanaria*, der 70 m hohe Granitturm der Kirche *San Leonardo*, auf.

Madonna di Campagna

2 km nordöstlich von Pallanza befindet sich im Botanischen Garten der *Villa Taranto* eine der größten Sammlungen exotischer Pflanzen in Italien. Ein Stück nordwestlich davon, am *Viale Azari*, steht die Kuppelkirche *Madonna di Campagna* (1522); die Fresken in der Kuppel stammen von *G. Ferrari*, die in den Seitenkapellen und im Chor von *Procaccini* und *Luini*.

Der *Palazzo Dugnani* aus dem 17. Jahrhundert beherbergt das Heimatmuseum mit einer interessanten volkskundlichen Sammlung besonders schöner Bauerntrachten. Schließlich sei noch die romanische *Sankt-Remigius-Kirche* am *Castagnola-Hügel* erwähnt. Sie wurde um das Jahr 1000 auf den Ruinen eines römischen Tempels erbaut; schöne Aussicht von der Terrasse.

⏣ „Majestic".

⏣ „Astor", „Belvedere", „San Gottardo", „Miralago", „Intra".

⏣ „Villa Azalea" (Pension), „Novara", „Vittoria".

Pallanza ist ein vorzüglicher Standort, der für einen längeren Aufenthalt (Schwimmen, Segeln, Wasserski, Fischen, Tennis usw.), für Spaziergänge und für Ausflüge mit dem Schiff oder dem Auto geeignet ist.

Ausflüge:

Mit dem Schiff nach *Santa Caterina del Sasso*, 3 Std., einschließlich Besichtigung; zur *Isola Bella* 1 Std., einschließlich Besichtigung von Schloß und Gärten; zu drei *Borromeischen Inseln*, 3 Std., einschließlich Besichtigung von Schloß und Gärten; zu allen drei Inseln und nach *Stresa*, 4 Std., einschließlich Besichtigungen.

Mit dem Auto zum *Orta-See*, halber Tag; nach *Locarno*, Tagesausflug; nach *Macugnaga* und zum *Monte-Rosa-Gletscher*, Tagesausflug; Drei-Seen-Fahrt (über *Locarno — Lugano — Menaggio — Como*), Tagesausflug; Vier-Pässe-Fahrt (*Gotthard-, Furka-, Grimsel-, Simplonpaß*), Tagesausflug; nach *Mailand*, Tagesausflug; nach *Gignese* und *Omegna* mit Besuch des Regenschirm-Museums, Tagesausflug; ins *Vigezzo-Tal* mit Besichtigung von *Santa Maria Maggiore*, halber Tag.

★

Hinter *Suna*, das direkt am Fuß des Roten Berges (*Monte Rosso*, 693 m; schöne Aussicht) liegt, umfahren wir den kurzen Seearm, die Borromeische Bucht, und überqueren dann — nahe ihrer Mündung in den See bei *Fondotoce* — die reißende *Tosa* (*Toce*). Rechts der Straße sehen wir den *Lago di Mergozzo*, einen abgetrennten Arm des *Lago Maggiore*, der jetzt durch einen Kanal mit ihm verbunden ist.

Wir kommen in die Südwestecke der Bucht, nach *Feriolo* (4 ⏣). Von hier bis *Baveno* gibt es viele Granitbrüche (Rosengranit), landeinwärts bei dem hier einmündenden *Valle d'Ossola* hingegen Marmorbrüche, in denen man das Gestein für den *Mailänder Dom* und die *Kartause von Pavia* brach.

Baveno (4300 Einw.), 53 km, viel besuchter Ferienort an der Westseite der *Borromeischen Bucht* mit radioaktiver Heilquelle („Fonti di Baveno"), erfreut sich einer landschaftlich sehr reizvollen Lage, die allerdings durch das Fehlen einer Umfahrungsstraße und das damit verbundene große Verkehrsaufkommen im Uferbereich (Seepromenade) beeinträchtigt wird.

48

⚐ „Splendid", „Bellevue".
⚐ „Beau Rivage", „Simplon".
⚐ „Eden", „Carillon", „Alpi".
⚐ „Lido" am See. „Tranquilla" in *Oltre Fiume*. „Diverio" nahe dem Bahnhof.

BORROMEISCHE INSELN

Sie bilden den Hauptreiz der westlichen Seebucht, nicht allein wegen ihrer ausgezeichneten Lage, sondern auch wegen ihrer üppigen subtropischen Vegetation, die man in zauberhaften Gartenanlagen um prächtige Villen bewundern kann. Die Inselgruppe besteht aus den vier Inseln *Isola Bella* („Schöne Insel"), *Isola dei Pescatori* („Fischerinsel"), *Isola Madre* („Mutterinsel") und dem kleinen *Isolino San Giovanni*. Am günstigsten besucht man von *Baveno* oder *Stresa* aus die drei Hauptinseln, die hier so nahe zwischen den beiden Orten liegen, daß man sie in wenigen Minuten erreichen kann.

Isola Bella. Sie ist wohl die berühmteste und meistbesungene der Inselgruppe. Auf der über 6 ha großen Insel standen einst eine Kirche und mehrere Häuser, bis 1650–71 *Graf Borromeo* die gesamte Insel zu einer fürstlichen Sommerresidenz umgestaltete. Er ließ inmitten des herrlichen Gartens ein mächtiges Schloß (*Palazzo Borromeo*) erbauen, das nie vollendet wurde. Es beherbergt eine ausgezeichnete Gemäldegalerie, eine Sammlung flandrischer Wandteppiche aus dem 17. Jahrhundert und – in der Kapelle – die Renaissancegrabmäler von *Giovanni* und *Camillo Borromeo* aus dem 15. und 16. Jahrhundert. Vom Schloß führen zehn Terrassen etwa 30 m hinab zum

Isola Bella

See. Auf ihnen ist im altitalienischen Gartenbaustil fast lückenlos die mittelmeerische Pflanzenwelt vertreten.
⚐ „Delfino", „Elvezia".

Isola dei Pescatori

Isola dei Pescatori (auch *Isola Superiore*). Sie trägt den Namen des malerischen kleinen Fischerdorfes auf der Insel und ist ein bevorzugter Aufenthalt von Künstlern, besonders von Dichtern.
⚐ „Verbano". – ⚐ „Belvedere".

Isola Madre, 7 ha groß. Diese Insel wird von vielen Touristen wegen ihres Botanischen Gartens besucht, der an Schönheit und Mannigfaltigkeit selbst die Gärten der *Isola Bella* übertrifft. An der Nordseite der Insel steht der *Palazzo Borromeo* aus dem 18. Jahrhundert.

★

Stresa (5500 Einw.), 57 km, zählt zu den mondänsten Urlaubsorten Oberitaliens. Es bietet seinen Gästen neben einer international geprägten Atmosphäre eine reiche Angebotspalette: die herrliche Uferpromenade, den *Corso Umberto* und *Corso Italia* (deren Reiz durch den starken, am See entlang geführten Verkehr allerdings erheblich leidet), zahlreiche elegante Hotels, prächtige Villen, Sport- und Spielplätze, einen Golfplatz, Restaurants und viele Ausflugsmöglichkeiten in die schöne Umgebung. Neben den bei *Pallanza* (siehe S. 47) empfohlenen Ausflügen sollten Sie von *Stresa* unbedingt zum *Monte Mottarone* (1491 m) hinauffahren. Man kann ihn entweder mit der neuen Seilschwebebahn, die in

49

Stresa

zwei Sektionen bis knapp unter den Gipfel führt (Bergstation 1420 m), oder auf einer gut ausgebauten Bergstraße (gebührenpflichtig, 21 km) erreichen. Letztere tangiert den *Giardino Alpino*, einen Alpengarten mit außerordentlich reichen Beständen (in der Nähe Golfplatz).

Vom Gipfelkreuz hat man eine großartige Fernsicht zur Alpenkette vom *Monte Viso* bis zum *Ortler*, besonders auf die *Monte-Rosa-Gruppe* im Westen und außerdem hinunter zu den sieben Seen: *Lago d'Orta, Lago di Mergozzo, Lago Maggiore, Lago di Lugano, Lago di Varese, Lago di Monate, Lago di Comabbio*; dann zum Ausfluß des *Tessins*, auf die lombardische und piemontesische Ebene und in der Ferne auf das Häusermeer von *Mailand*. Auf den Gipfelhängen des *Mottarone* Wintersportmöglichkeit, vier Skilifts.

🚡 Seilschwebebahn zum Mottarone.

🏨 „Grand Hôtel des Iles Borromés" (Luxus), „Regina-Palace-Hôtel", „Bristol".

🏨 „Speranza Hôtel du Lac", „Boston", „Italia e Svizzera", „La Palma".

🏨 „Hôtel Moderno", „Primavera".

Bei der Bergstation (1420 m): 🏨 „Hôtel Eden".

Belgirate, 62 km, erstreckt sich auf einer Landzunge, von der aus man einen großen Teil des Sees überblicken kann; viele Villen in schönen Gärten, hübsche Seepromenade. Über *Lesa* (70 km; 🏨) kommen wir nach

Meina, 70 km, einem an der großen Seebucht und inmitten blühender Gärten gelegenen Ferien- und Badeort.

⛺ „Lido" am See.

Arona (16 000 Einw.), 74 km, kurz vor dem Südende des Sees, ist eine lebhafte Industriestadt und ein wichtiger Verkehrsknotenpunkt. Vom *Corso Marconi* erblickt man am gegenüberliegenden Seeufer die Ruinen der Visconti-Burg von *Angera*. Ein Fußweg und vor dem Ort eine neue Fahrstraße (1,5 km) steigen zum *Carlone* hinauf, einer 1697 auf einem 13 m hohen Sockel errichteten 21 m hohen Kolossalstatue des 1610 heiliggesprochenen Kardinal-Erzbischofs von Mailand, *Karl Borromäus*. Im Innern der Figur führt eine Treppe hinauf (Blick über den See).

⛺ „Camping Lido-Riviera" am See.

Sesto Calende (11 000 Einw.), 83 km, ist wegen seiner Industrie wenig für einen Ferienaufenthalt geeignet. Der Ort liegt am Ausfluß des *Tessins* aus dem *Lago Maggiore* an seinem südlichsten Ende. Eine Autobahn stellt von hier nach *Mailand* die kürzeste Verbindung (55 km) her. Sie ist am Wochenende stark befahren. – ⛺ „La Sfinge".

Angera, 91 km, erreicht man, nun wieder nordwärts fahrend, am Ostufer des Sees. Den ältesten Ort am Lago Maggiore beherrscht die mächtige Visconti-Burg, die 1449 in den Besitz der *Grafen Borromeo* überging und heute meist „Borromeisches Kastell" genannt wird.

🏨 „Lido", „Mignon".

Von *Angera* führt eine gut ausgebaute Straße direkt nach *Ispra*. Wir aber machen einen kleinen Umweg und fahren am See entlang nach *Ranco* (97 km) und genießen unterwegs den Blick auf den See und den dahinter aufsteigenden *Monte Mottarone*.

Ispra (4500 Einw.), 98 km, ist ein aufstrebender Industrieort mit vielen modernen Bauten. Hier hat die Forschungsstelle der *Europäischen Organisation für Kernforschung* ihren Sitz.

🏨 „Europa", „Posca". – ⛺.

Leggiuno, 108 km. Bei *Arolo*, einem Ortsteil von *Leggiuno* an der Uferstraße, zweigt zum See eine kleine Fahrstraße ab (Wegweiser), die zum Treppenweg des *Eremo di Santa Catarina del Sasso* führt (300 m). Versäumen Sie diese Sehenswürdigkeit nicht! (Auch die Dampfer der Seerouten legen am Halteplatz des Klosters an.) Ein Treppenweg windet sich zwischen Weingärten steil bergab zum Kloster. *Santa Catarina del Sasso* wurde im 12. Jahrhundert als Klosteranlage errichtet. Alle Bauten hängen wie

Schwalbennester am steilen Fels. Für die Vorhalle (Grabsteine von 1576) und die Glockentürme blieb nur wenig Platz. Fresken (14. Jh.) und Gemälde schmücken den Innenraum, darunter von *Pietro Crespi da Busta* die „Kreuzigung" (1510) und von *Battista degli Avvocati* (1612) das Altarbild „Mystische Hochzeit der heiligen Catarina und des heiligen Niccolò". Die Glasfenster entstanden um 1610. Die ältesten Teile der vorklösterlichen Anlage aber befinden sich im Chorraum, wo unter dem Hochaltar der Leib des seligen Einsiedlers *Besozzi* (1100 bis 1200) ruht, und beim kleinen, noch antik anmutenden „Tempel", welcher der Märtyrerin *Catarina* bercits 507 gewidmet wurde. Er wurde durch Felsstürze beinahe vernichtet, und die Felsblöcke, die das Kirchendach durchschlugen, liegen noch im Gotteshaus. Fast alle anderen Teile des Klosters sind in zerfallenem Zustand außer dem reizvollen Kreuzgang über dem See, der heute Terrasse einer Gaststätte ist (schöne Aussicht).

Laveno-Mombello (8500 Einw.), 113 km, ein Doppelort, liegt am See und an den Hängen des *Sasso di Ferro* („Eisenberg"; 1062 m). Er ist Verkehrsknotenpunkt, und fast alle Verkehrswege des *Lago Maggiore* laufen hier zusammen. Außerdem ist er Endstation der Bahnlinie *Mailand—Varese —Laveno* und der Fährlinie *Intra— Laveno*.

Von hier bieten sich Möglichkeiten zu einer Bootsfahrt zum Kloster *Santa Catarina*, zu Spaziergängen zum „Caldè-Felsen" (*Rocca di Caldè*), mit einem alten Kastell, zu Ausflügen nach *Varese*, zum *Vareser See* und nach

Fährschiff Laveno-Intra

Mailand. Ein Sessellift läßt den *Sasso del Ferro* (1062 m) bequem gewinnen (Bergstation 974 m). – ⛺ in *Olive*.

Porto Valtravaglia, 121 km, hat eine wunderschöne, schattige Uferpromenade und ist Ausgangsort für lohnende Wanderungen auf die Berge der Umgebung, vor allem auf den *Monte Nudo* (1235 m), von dessen Gipfel man einen großartigen Rundblick zum *Lago Maggiore*, zum *Luganer* und *Vareser See* und zu den *Walliser Alpen* hat (Straße über *S. Antonio* bis zum *Rifugio Adamoli*, 970 m; 12 km).

Luino (13000 Einw.), 129 km, ist wichtigster Ort am italienischen Ostufer des Sees und wird besonders zum Markttag (jeden Mittwoch) von Feriengästen und Einheimischen viel besucht. In der Kirche von *San Pietro* sind schöne Fresken des vermutlich in *Luino* geborenen Malers *Bernardo Luini* (1470 bis 1532), besonders die „Anbetung der Heiligen Drei Könige", sehenswert.

Ausflüge: Auf dem Wasser nach *Cannobio* (8 km), nach *Stresa* (20 km) und nach *Locarno* (24 km).

Mit dem Auto nach *Lugano* über *Ponte Tresa* (23 km).

⛺ „Boschetto" in *Germignaga* (2 km).

Maccagno, 135 km, der letzte Ferienort am italienischen Ostufer, liegt in einer landschaftlich reizvollen Talmulde zwischen dem *Monte Borgna* und dem *Monte Cadrigna*. Von hier aus lassen sich zu Fuß oder mit dem Wagen schöne Ausflüge an den stillen *Lago Delio* (930 m) und in die *Val Veddasca* unternehmen (Indemini, vgl. S. 17).

⛺ „Park-Camping", „Lido-Camping". Von *Vira* (152 km) aus, einem kleinen Ort am Fuß des *Gambarogno-Massivs* (1738 m), soll man das herrlich gelegene Bergdorf *Indemini* besuchen. Im *Val di Vira* kommt man bei dieser Fahrt über *Fosano*, wo man die kleine, reich mit Fresken (16. Jh.) geschmückte Kapelle beachten sollte (siehe auch S. 17).

Magadino, 154 km, ist am Steilabfall des *Gambarogno* in der *Magadino*-Schwemmlandebene (*Bolle di Magadino*, Naturschutzgebiet) gelegen. Sehenswert sind in der Pfarrkirche zwei, vermutlich aus der Schule des *Luini* stammende Bilder aus dem 16. Jahrhundert: „Heilige Catarina" und „Heiliger Bernhard von Siena".

Locarno, 166 km, siehe Seite 12.

Route 10: Rund um den Luganer See (106 km)

Der *Luganer See* (italienisch auch *Lago Ceresio*) ist — mit Ausnahme von Teilen des nordöstlichen Seearmes und des Westufers — schweizerisches Gebiet. Im Gegensatz zum *Lago Maggiore* und zum *Comer See* erscheint der *Lago di Lugano* durch die von fast allen Seiten steil zum See hin abfallenden Berge wildromantisch. Mit einer Gesamtlänge von rund 35 km und einer Breite zwischen 2 und 4 km ist er der kleinste dieser drei Seen. Eine Landzunge südlich von *Lugano* teilt ihn in zwei Becken, verkürzt dadurch die Straßen- und Bahnverbindung *St.-Gotthard-Paß—Mailand* erheblich, hindert aber den durchgehenden Schiffsverkehr nicht.

Wie die anderen beiden benachbarten Seen hat auch der Luganer See ein ausgesprochen mildes mediterranes Klima, das zu allen Jahreszeiten Touristenströme an seine Ufer lockt. Wegen seiner zentralen Verkehrslage ist gerade der Luganer See für einen längeren Aufenthalt besonders geeignet. Von hier kann man leicht fast alle Sehenswürdigkeiten im Tessiner Alpengebiet sowie an den beiden anderen Seen besuchen, ohne dabei große Entfernungen zurücklegen zu müssen. Eine Fahrt um den Lago di Lugano bietet vielfältige Eindrücke; die ganze Schönheit dieses Alpensees erschließt allerdings erst eine Schiffahrt.

Gandria

Lugano, siehe Seite 18.

Wir verlassen die Stadt auf der Straße *Nr. 24* und fahren am Fuße des *Monte Brè* hinauf, die ,,Gandria-Straße" nach Osten. Unter uns sehen wir in *Castagnola* die Gärten und die *Villa Favorita* (siehe S. 20); links zweigt die Straße zum *Monte Brè* (siehe S. 21) ab.

Gandria (270 Einw.), 5 km. Es empfiehlt sich, den Wagen auf dem Parkplatz an der Straße abzustellen und zu Fuß zum Dorf und zum See hinunterzusteigen oder mit dem Autobus Nr. 2 nach *Castagnola* zu fahren und von hier aus auf schönem Fußweg am See entlangzugehen. *Gandria* ist ein typisch südländisches Dorf, wie es sich der aus dem Norden kommende Tourist vorstellt: bunt und malerisch, mit Arkaden, Rebenterrassen und Laubenhäusern am steilen Berghang und am See. Einen schönen Anblick bietet *Gandria* auch vom Schiff aus.

Empfehlenswert ist schließlich ein Bootsausflug über den See zum Zollmuseum *Cantine di Gandria*. (*Geöffnet täglich 14–17 Uhr*; Motorbootverbindung ab Lugano).

Rund 2 km hinter Gandria erreicht man die Grenze zu Italien (Zollkontrolle). Dann geht es mit hübschen Ausblicken am nördlichen Seeufer entlang über *Albogasio* und *Cressogno* weiter nach

Porlezza (4500 Einw.), 15 km, einem am Ostende des Luganer Sees gelegener Fischerort mit einem weiten Hafen. Vom Ort kann man Wanderungen ins *Valsolda, Val Zezzo, Val Cavargna* und zum *Lago del Piano* unternehmen. Empfehlenswert ist von *Porlezza* aus eine Bootsfahrt nach *Osteno* zur *Orrido-Schlucht* oder zur *Pescara*, der ,,Fischerschlucht".

△ ,,Lido Darna", ,,Meco's Camping", ,,Paradiso".

Am Hafen entlang fahren wir um das See-Ende nach *Darna* und *Osteno* (Besuch der ,,Fischerschlucht") und dann auf windungsreicher, gut ausgebauter Straße über *Claino* und *Laino* hinauf zur Höhe von *Intelvi* (732 m; nach *Argegno* am Westufer des Comersees 9 km, s. S. 63). In *Lanzo* d'*Intelvi* (892 m), 35 km, einer hübsch gelegenen Sommerfrische, die man auch von der Schiffsanlegestelle *S. Margherita* mit einer Standseilbahn (Bergstation *Belvedere*, 882 m) erreicht, empfiehlt sich der überaus lohnende Abstecher zur *Sighignola* (1321 m, Asphaltstraße 5 km), die als schönste Aussichtswarte im Bereich des Luganer Sees gilt.

Herrlicher Tiefblick auf die Bucht von *Lugano*.

Südlich von *Lanzo* überquert man eine wenig ausgeprägte Wasserscheide. Dann geht es steil (18%) durch die *Val Mera* (Grenzübertritt) hinab nach *Arogno* (606 m; schöne Barockkirche von 1639). Im nächsten Ort, *Rovio* (495 m), verdient neben dem weitgehend unversehrten Dorfbild vor allem das westlich auf einer Anhöhe stehende Kirchlein *San Vigilio*, ein romanischer Bau mit offenem Dachstuhl im Schiff, Beachtung (Apsisfresken, 13. Jh.). Gerhard Hauptmanns Novelle „Der Ketzer von Soana" spielt in *Rovio*. 1212 wurde hier *Adamo*, der Baumeister der Kathedrale von *Trient*, geboren.

Melano, 43 km, liegt wieder am Seeufer. Beachten Sie auf der Piazza im Hof der *Casa Fogliardi* die überschwenglichen Barockstuckaturen aus dem 18. Jahrhundert. Die Wallfahrtskirche *Madonna del Castelletto*, oberhalb des Ortes gelegen, beherbergt eine beachtliche „Exvoto"-Sammlung (Weihegaben auf Grund eines Gelübdes).

⚠ „Camp Santa Lucia", Paradiso", „Pedemonte". – ⚠.

Capolago („Haupt des Sees"), 46 km, liegt am südlichsten Punkt des Luganer Sees. Von hier fährt eine Bergbahn zum *Monte Generoso* (siehe S. 21).
In der Pfarrkirche ist die Verkündigungskapelle des berühmten Barockbaumeisters *Carlo Maderno* sehenswert, der im Jahre 1606 von Papst *Paul V.* mit der Vollendung der Peterskirche in *Rom* beauftragt wurde. Im Mittelalter stritten sich die *Welfen* und *Gibellinen* lange um *Capolago*. 1830, nach Gründung des republikanischen Geheimbundes „Junges Italien" durch *Gioberti*, *Mazzini* und *Crispi*, wurden hier Flugblätter gedruckt, die in ganz Italien den Patriotismus anfachten.

Über *Mendrisio-Chiasso* führen die Straße *Nr. 2* und die Autobahn *N 2* weiter nach *Como* und *Mailand*.

Capolago

Riva San Vitale, 47 km, liegt wie *Capolago* am Südzipfel des Luganer Sees und am Weg um den Fuß des *Monte San Giorgio*.

1798 war *Riva San Vitale* genau 16 Tage lang unabhängige Republik, bis die Luganesen diesem Traum ein jähes Ende bereiteten.

Die beiden Sehenswürdigkeiten des Ortes liegen nahe beisammen. Die Kirche *Santa Croce*, deren Kupferdach weithin leuchtet, ließ im 16. Jahrhundert der päpstliche Geheimschreiber *Andrea della Croce* errichten. Beachtenswert ist der Übergang des quadratischen Grundrisses zur achteckigen Kuppel über vier Gewölbebogen und toskanischen Säulen. Die Fresken und Gemälde stammen von *Pozzi* und *Procaccini*.

Das *Baptisterium* steht an der Stelle, wo sich vermutlich einst die Bäder einer römischen Siedlung befanden (Mosaikreste). Es ist ein achteckiger Bau mit einem kreisrunden Becken in der Mitte, groß genug, um den Täufling unterzutauchen. Bereits im 5. Jahrhundert wurde hier auf diese Weise die Taufhandlung vollzogen, wobei die Gläubigen – entlang der Mauer stehend – zuschauten. Aus dem 10. und 12. Jahrhundert stammen die Wandmalereien „Jüngstes Gericht" und „Thronende Maria". – ⌂ „Chery" (garni).

Ein steiler, markierter Weg führt hinauf zum Gipfel des *Monte San Giorgio* (1097 m, 2½ Std., schöne Aussicht).

Poiana, 51 km, hat zwei interessante *Grotti*, in denen bei konstanter Temperatur im Sommer wie im Winter in den Felsenhöhlen der Wein reif wird. Im *Ristorante Terminus* kann man den guten Tessiner *Nostrano* probieren.

Brusino-Arsizio, 54 km, ist die Talstation der Kabinenbahn nach *Serpiano* (siehe S. 23). Auffallend sind die mit langen schwarzen Balken gedeckten Bogengänge am Seeufer und in der *St.-Michaels-Kirche* das in einen Wandpfeiler eingelassene Renaissancetabernakel.

Von der Uferpromenade hat man einen prächtigen Rundblick: am gegenüberliegenden Ufer sieht man *Melide* und die dort aus den Bergtunneln kommende Autobahn, die auf dem *Ponte Diga* den See überquert. Weiter rechts erblickt man *Lugano*, zwischen dem *Monte San Salvatore* und *Monte Brè*. Direkt gegenüber von *Brusino-Arsizio* befinden sich *Morcote*, *Santa Maria del Sasso*, *Vico-Morcote* und der *Monte Arbostora*.

Nicht weit hinter dem Ort die italienisch-schweizerische Grenze.

Porto Ceresio, 59 km, ein italienisches Fischerdörfchen, ist Endpunkt der elektrischen Bahn von *Varese* (13 km). Von hier hat man einen schönen Blick in die beiden Arme des Luganer Sees und zur Halbinsel *Collina d'Oro*.

Brusimpiano (1000 Einw.), 64 km (20 km von Varese), liegt etwa in der Mitte der *Vareser Riviera* genannten Uferstrecke, die sich zwischen *Porto Ceresio* und *Ponte Tresa* hinzieht. Der Ort ist als ruhige Sommerfrische bekannt; im August aber feiert man hier lärmend die *Festa del Villeggiante* („Sommerfrischlerfest"). – Mehrere ⌂.

Über *Laveno*, das an einer vom *Monte Caslano* (526 m) gebildeten See-Enge liegt, erreicht man den italienischen Ort

Collina d'Oro

Ponte Tresa, 67 km. Unmittelbar jenseits des Grenzflusses *Tresa* folgt das schweizerische *Ponte Tresa* (273 m). Es gilt als günstiger Ausgangspunkt für einen Abstecher ins *Malcantone* und auf den *Monte Lema* (siehe S. 22).

Auf guter Straße geht es in nordöstlicher Richtung weiter nach

Caslano, 70 km, das auf einer kleinen fruchtbaren Delta-Schwemmlandebene des *Magliasina-Flusses* liegt, die *Campagna* genannt wird. Funde antiker Münzen lassen vermuten, daß hier eine römische Siedlung stand. Sehenswert ist die freskengeschmückte Kapelle *Madonna delle Grazie* (11. Jh.).

In der Seitenkapelle der *Christophorus-Kirche* (17. Jh.) finden Sie ein eigenartiges Bildnis, das eine Frau mit der Beißzange in der Hand darstellt.

Empfehlenswert ist ein erholsamer und aussichtsreicher Spaziergang rund um den *Monte Caslano*.

🏠 1 ,,Gardenia".

⛺ ,,La Fiume".

Magliasina, 71 km. Hier sollte man einen Besuch in der *San-Macario-Kirche* nicht versäumen. Im 15. Jahrhundert erbaut, wurde sie mit schönen Fresken reich verziert: ,,Madonna mit Engeln", ,,Kreuzigung", ,,Maria im Tempel", ,,Kirchenväter" u. a.

🏠 1 ,,Villa Magliasina & Golf".

Eine schmale, landschaftlich reizvolle Straße führt von Magliasina hinauf ins *Malcantone* (siehe S. 22). Besuchen Sie auch das Dorf *Pura* mit seiner hochgelegenen Barockkirche und dem danebenstehenden Glockenturm; man kann sich auf hölzernen Leitern steigen, und steht dann unmittelbar neben den verschieden großen Glocken, die sich beim Läuten um ihre Aufhängebalken drehen. — Von hier haben Sie einen weiten Blick über den *Luganer See* und zu den Bergen des *Malcantone*.

Im Dorf *Pura* besuchen Sie die *Casa Pelli-Elia*, ein Haus der Gibellinenfamilie *Crivelli*. Beachtenswert ist eine mit einem Kardinalshut geschmückte Säule im Hof und der Hausflur, einst eine reichverzierte Kapelle, von der die mit Putten geschmückte Renaissancedecke aus dem 16. Jahrhundert noch gut erhalten ist.

Magliaso, 72 km. Von *Magliasina* über die *Magliasina* fahrend, erblickt man links am Golfplatz die Ruinen eines ehemaligen Schlosses. 1116 wurde hier der von Kaiser *Heinrich V.* für *Como* vorgesehene Bischof *Landolfo* ermordet. Das war der Anlaß für den zehnjährigen Krieg zwischen *Mailand* und *Como*. — ⛺ ,,Camponido".

Agno (2100 Einw.), 74 km. Die weithin sichtbare, nüchtern wirkende *Kollegiatskirche* wurde 1760 an der Stelle errichtet, wo einst die Zentralkirche (im 6./7. Jh. erbaut) eines Kirchspiels stand, das ehemals 46 Gemeinden umfaßte. Nach der Gründung des Domherrenkapitels durch Kaiser *Otto II.* (10. Jh.) war es Hauptort der weiten Umgebung. Sehenswert sind in der Kirche der Marmoraltar von 1829, die reichen Stukkaturen sowie das Gemälde im Chorscheitel (G. A. Torricelli, 1788). Das *Plebanmuseum* in der Sakristei zeigt eine Sammlung römischer Funde (Sarkophage, Münzen) und Dokumente zur Lokalgeschichte.

🏠 Luxus ,,La Perla".

⛺ ,,La Palma", ,,Eurocamp".

Im untersten *Val d'Agno* überquert man den *Vedeggio* nahe seiner Mündung in den Luganer See (links Flugplatz). Bei

Agnuzzo (301 m), 75 km, biegt man rechts in die über *Figino* nach *Morcote* führende Uferstraße ein. Der etwas erhöht am Hang gelegene Weiler war einst Verwaltungszentrum großer Ländereien aus dem Besitz der Abtei San Abbondio in Como.

⛺ ,,Piodella".

An den Hängen der *Collina d'Oro* und am Ufer von *Carabietta*, wo man fast überall prachtvolle, moderne Villen findet, erreicht man über *Figino* die Südspitze der Halbinsel.

Tessiner Haus

Morcote

Morcote (600 Einw.), 87 km, die „Perle des Tessins", 12 km südlich von *Lugano*, ist wegen seiner außergewöhnlich schönen Bauten, seiner geschützten Lage, seines Klimas und wegen der subtropischen Vegetation das beliebteste Ausflugsziel am Luganer See. Der spätmittelalterliche Dorfkern und die Kirche stehen unter Heimatschutz.

Im Mittelalter versorgten die Fischer Morcotes während der Fastenzeit *Mailand* mit Fischen und erhielten dafür freies Fischrecht auf dem ganzen See. Der einstige Reichtum von Morcote zeigt sich noch heute in seinen Prunkbauten. Der *Palazzo Paleari* (1537), am Hafen gelegen, weist drei wuchtige Arkaden und reichen Fassadenschmuck auf. Die *Casa Buzzi* (16. Jh.) ist mit Stuck und Sgraffiti versehen.

Zur Kirche *Santa Maria del Sasso* führt eine Treppe mit 400 Stufen, die im 18. Jahrhundert *Davide Fossati* erbauen ließ. Kleine, mit Fresken aus dem 15. Jahrhundert geschmückte Kapellen flankieren den Weg. Von ihnen ist *Sant' Antonio Abate* die älteste.

Mit dem Bau der Kirche *Santa Maria del Sasso* wurde im 13. Jahrhundert begonnen, doch zog sich die Fertigstellung der Anlage durch zahlreiche Umbauten bis ins 18. Jahrhundert hin. Die schönen Fresken zeigen den Stil der italienischen Renaissance (15./16. Jh.) und erzählen in vielen Einzelheiten die biblische Geschichte von *Adam* und *Eva* bis zum Leben *Jesu*.

Gegenüber steht die von den Gebrüdern Carloni erbaute Kapelle des heiligen *Antonius von Padua*.

Auf dem Friedhof der Kirche ruhen u.a. der große Schauspieler *Alexander Moissi*, der Komponist *Eugen d'Albert* und der Sänger *Baklanoff*.

Etwas außerhalb des Dorfes liegt der besuchenswerte *Parco Scherrer* (südliche Flora).

Beim Aufstieg nach *Vico-Morcote* erblickt man linker Hand die Ruinen einer Burg, deren Geschichte durch Belagerungen und Besatzungen von Italienern, Franzosen und Schweizern jahrhundertelang kriegerisch und blutig verlief. 1513 wurde die Burg geschleift. Ihr Mauerwerk wurde in letzter Zeit auf den ursprünglichen Fundamenten neu aufgebaut.

Melide

In *Vico-Morcote* besuchen wir die barocke Kirche der Heiligen *Simon* und *Fidelis*. Das Prachtstück der Kirche ist die marmorne weiße Altartafel, ein Meisterwerk lombardischer Kunst. Weit schweift der Blick hinunter zum See und hinüber zum bewaldeten *Monte San Giorgio*. – Lohnende Höhenstraße nach *Carona*.

🏨 Luxus „Olivella au Lac".

🏨2 „Carina Carlton".

🏠 „Rivabella".

Ferienzentrum: Olivella.

Melide, 92 km, liegt am mittleren Seebecken, wo eine dünne Landzunge den Luganer See beinahe in zwei Hälften teilt. Von *Melide* führen über den *Ponte Diga* eine Eisenbahn sowie die moderne Autobahn an das andere Seeufer nach *Bissone*. Eine Gondelbahn zieht hinauf zu dem reizvoll gelegenen *Carona* (s.S. 24).

56

Besuchen Sie die ständige Ausstellung *Swissminiatur*, in der Sie die malerischsten Punkte der Schweiz sehen können: Städte, Dörfer, Denkmäler und Verkehrsmittel sind in 25facher Verkleinerung dargestellt.

⌂⌂ 2 „Park-Palace", „Seehotel Riviera".
⌂ „Generoso Strandhotel".

★

Bevor Sie die Seerundfahrt in *Lugano* beenden, sollten Sie die italienische Enklave *Campione d'Italia* besuchen.

Bissone, 93 km, erstreckt sich am Fuße des *Monte Generoso*. Beachten Sie hier an der Straße die Steinlauben mit ihren Wappen und Fresken, die engen Gassen mit Arkaden und Hinterhöfen, die Fassade der kleinen *San-Rocco-Kirche* und schließlich die Pfarrkirche *San Carpoforo*, ein Kleinod barocker Innenarchitektur. Diese mittelalterliche Kirche wurde im 17. Jahrhundert von *Tencalla* erneuert und mit Fresken, Marmor und Stuck prächtig ausgeschmückt. Der Hauptaltar ist aus Marmor und von geäderten Marmorsäulen umstanden, wie man sie auch in den Seitenkapellen findet. Beachtenswert sind in der linken Seitenkapelle das Fresko „Christi Geburt" und die barocke Frauenstatue beim Chor. Dort ist auch ein von Delphinen umgebener Steintabernakel aus der Renaissance.

Die Orgel ist verspielt mit Rokokomalereien geschmückt. Beachten Sie auch die schönen Altaraufsätze in den Seitenkapellen.

⌂⌂ 1 „Lago di Lugano".

Bissone

Campione d'Italia, 95 km, liegt nördlich von *Bissone* und kann von dort auf einer guten Straße erreicht werden. Mit dem am anderen Seeufer gelegenen *Lugano* besteht eine ständige Schiffsverbindung. Der Ort — mit seinen vielen Veranstaltungen und Nachtlokalen — ist bei den Touristen sehr beliebt, da im „Casino Municipal" viele Glücksspiele erlaubt sind und es bei der Einreise keine Zollformalitäten

Madonna dei Ghirli

gibt. Das kleine Territorium am Ufer des Luganer Sees, 777 von *Totone von Campione* dem Kloster San Ambrogio in Mailand geschenkt, verblieb bis 1797 unter klösterlicher Hoheit. Unter Napoleon kam es an die Cisalpinische Republik und 1860 an Italien. 1848 verlangte *Campione* vergeblich den Anschluß an den Kanton Tessin. Sehenswert ist neben den herrlichen Uferanlagen vor allem die Wallfahrtskirche *Santa Maria dei Ghirli* (13./14. Jh.) mit ihrem kostbaren Freskenschmuck aus dem 14., 15. und 17. Jahrhundert.

⌂⌂ „Grand Hotel Campione d'Italia" (Luxus).
⌂ „Bellevue" (Pension).

★

Über *Bissone* und *Melide* fahrend, erreichen wir auf der am Fuß des *Monte San Salvatore* entlangführenden Uferstraße und vorbei am Aussichtspunkt *Cap San Martino* im Ortsteil *Paradiso* wieder unseren Ausgangspunkt

Lugano, 106 km, siehe Seite 18.

Route 11: Rund um den Comer See (162 km)

Der *Lago di Como*, von den Römern *Lacus Larius* genannt und von *Vergil* wegen seiner Schönheit gepriesen, ist mit einer Wassertiefe von 410 m Europas tiefster Binnensee. Er liegt 199 m über dem Meer, ist in gerader Linie gemessen 46 km lang, und die größte Breite — zwischen *Menaggio* und *Varenna* — beträgt 4,4 km. Er ist umgeben von über 2000 m hoch aufragenden Bergen und anmutigen Tälern, aus denen zahlreiche Wasserzuflüsse den See speisen. Die bedeutendsten Berge sind die *Grigna* (2410 m) und der *Monte Legnone* (2610 m); von den Tälern nennen wir das *Veltlin* mit der *Adda*, das *Bregaglia-Tal* mit der *Mera*, das *Valsassina*, das *Esino-Tal*, das *Valvarrone* und das *Valbrona*.

Das Klima dieser Gegend ist ausgezeichnet: ein zauberhafter milder Frühling voller Blumen an allen Ufern, ein angenehmer und nicht zu heißer Sommer mit kühlen Winden (morgens weht vom Norden her der „Tivano", nachmittags vom Süden die „Breva") und ein gemäßigter Herbst. In diesem Klima entfaltet sich eine üppige Vegetation. Hier gedeihen Oliven- und Feigenbäume, Zypressen, Azaleen, Agaven und Magnolien.

Schiffahrtslinien verbinden die meisten Orte am See miteinander. Die Uferstraßen weisen allgemein einen recht guten Zustand auf, sind aber während der Hauptreisezeit dem starken Verkehr kaum mehr gewachsen. Dem ganzen Ostufer (*Lecco — Colico*) folgt eine Bahnlinie.

Hier können Sie beschaulich ruhige Tage in einer wunderbaren Natur erleben; doch wird Ihnen andererseits auch mondänes Leben mit Zerstreuungen jeglicher Art geboten. Unterkunft finden Sie in vielen Privatquartieren und Pensionen. Eine große Anzahl von Campingplätzen reiht sich um die Buchten am See.

Wir beschreiben die Rundfahrt auf der Uferstraße. Alle dabei erwähnten Orte sind Anlegeplätze des Dampferlinienverkehrs.

Wir beginnen unsere Rundfahrt um den See in *Menaggio*, das man — von *Lugano* kommend — schnell über *Porlezza* und durch das *Val Menaggio* erreicht (27 km).

Menaggio (3300 Einw.), liegt an der Mündung des *Val Menaggio* auf einer kleinen Landzunge am Westufer des

Hafenpromenade von Menaggio

Sees. Einen schönen Blick auf den Ort und auf den mittleren Teil des Comer Sees („Centro Lago") hat man bereits bei der Fahrt von der Höhe hinunter in die Stadt. Von dem malerischen Platz am Hafen fahren die Dampfer zu anderen Seeorten ab. Ein aussichtsreiches Bergsträßchen windet sich über *Loveno* nach *Plesio* (595 m; 5 km) hinauf.

🏨 „Victoria", „Menaggio".
🏨 „Bellavista".
🏠 „Corona" (garni), „Loveno".
⛺ „Camping Comunale", *Via Roma*; „Europa".

Entlang der *Nobiallo-Bucht* und durch die Tunnel des gelbbraunen *Sasso Rancio* (Orangenfels) erreicht man *Acquaseria*.

Rezzonico, 7 km, auf einer kleinen Landzunge gelegen, besitzt ein altes Schloß aus dem 13. Jahrhundert. Im Hinterland — an den Hängen des *Monte Grona* (1736 m) - sind reizvolle Wanderungen abseits der belebten Uferzone möglich (bemerkenswerte Ausblicke).

⛺ „Soleil", dicht am See.

Cremia, 10 km, ist bekannt wegen seiner ausgedehnten Olivenhaine. Sehenswert ist die kleine Kirche *San Michele* mit einem Altar von *Paolo Veronese*.

⛺ „Aurora", „Victor", beide am See.

Musso, 13 km. Links über dem Ort erblicken Sie auf dem Felsen die Ruinen der Burg des Kondottiere *Giovanni Giacomo de'Medici*, der 1525–32 von hier aus über das ganze Seegebiet herrschte. Damals nannte man ihn den „Kastellan von Musso". In den Marmorbrüchen, zu denen eine Panorama-Straße führt, wird weißer und der seltene dunkelblaue Marmor gewonnen.

Gravedona, 17 km, erstreckt sich in einer weiten Ebene am See. Einst war hier der Hauptort der *Tre Pievi* („Drei Pfarreien") *Dongo, Gravedona, Sorico,* die im Mittelalter autonom waren. Sehenswert sind der viertürmige *Palazzo Gallio* (16. Jh.), *Santa Maria del Tiglio* (12. Jh.), das viereckige Baptisterium mit seinem runden Glockenturm und in der *San-Vincenzo-Kirche* alte Inschriften aus dem 5. Jahrhundert. Interessante Bergstraßen führen von Dongo bzw. Gravedona in die romantischen Seitentäler. Den Aufstieg zu dem hübsch am *Lago Darengo* gelegenen *Rifugio Como* (1790 m) verkürzt das Sträßchen nach *Livo* auf ca. 4 Std.

⌂ „Italia".

⌂ „Turismo", „Ristorante 2000".

Domaso, 19 km, liegt in windgeschützter Lage an der Einmündung der *Valle Livo* und gewährt einen schönen Blick in den oberen Seearm bis hin zur Landspitze von *Bellagio*. Von hier können die gleichen Ausflüge wie von *Gravedona* aus unternommen werden.

Beachten Sie links von der Straße hinter dem Ort bei *Gera-Lario* die *St.-Vinzenz-Kirche* (15. Jh.), deren wunderbar getäfelte Holzdecke und deren Altargemälde sehr schön sind.

⌂ „Villa Miani", „Motel Europa", „Domaso", „Madonnina".
△ *Via Regina.*
⌂ „Gardenia", „Alto Lario" u. a.

Sorico, 25 km. Wir haben nun das Nordende des Sees erreicht und überqueren den Ausfluß des *Lago di Mezzola* in den Comer See, der eigentlich ein durch das Mündungsgeschiebe der *Adda* abgetrenntes Seestück ist. Dann wenden wir uns nach Süden und fahren am Ostufer des Comer Sees entlang.

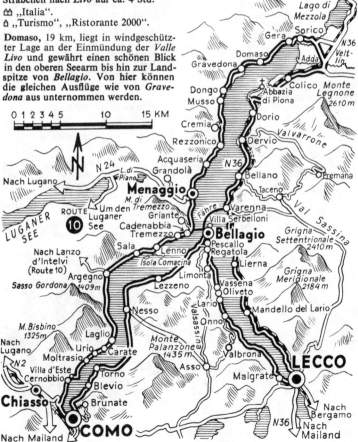

St.-Vinzenz-Kirche bei Gera

Links steigt pyramidenförmig der 2610 m hohe *Monte Legnone* aus der Niederung in die Höhe. Vor dem Berg stehen die Ruinen der Festung *Forte di Fuentas*, die 1603 von den Spaniern gegen die Angriffe der Graubündener erbaut und 1796 von den Franzosen zerstört wurde.

⌂ „Biffi", „Au Lac de Como".
△ „Belvedere", am See, u. 4 weitere.

Piantedo (203 m), 30 km, ist ein wichtiger Verkehrsknotenpunkt an der Mündung der *Adda* in den See. Die vom *Splügen-*, *Maloja-* und *Bernina-Paß* sowie vom *Stilfser Joch* kommenden Straßen treffen hier zusammen. Die weite Mündung der *Adda*, die *Pian di Spagna*, ein mit Schilf und Sumpfgras bewachsenes Gebiet, ist reich an Wild und an Wasservögeln.

⌂ „Isola Bella", „Da Gigi", „Della Fonte", „Risi", „Roma, „Conca Azurra".
△ „Comunale", „Lido", „Piona", „Medeghino".

Abstecher (Wegweiser) zur Halbinsel *Piona* mit dem gleichnamigen Ort und der wie dieser zur Gemeinde Colico gehörigen

Piona-Abtei. Sie ist etwa 1 km hinter dem hochgelegenen Ort *Piona* auf der Spitze einer in den See geschobenen Halbinsel gelegen, die eine schöne Seebucht, den *Laghetto di Piona* bildet. Die Abtei wurde 1138 von dem Bischof *S. Agrippino* erbaut und ist heute nach gründlicher Restaurierung Zisterzienserkloster (gleichzeitig Likörfabrik). Sehenswert sind die Kirche und der Kreuzgang mit 41 schlanken Säulenpaaren (schöner Seeblick).

Die Ostuferstraße bereitet dem Autotouristen wegen des starken Lastwagenverkehrs wenig Vergnügen, und nur einige Orte abseits der Durchgangsstraße lohnen ein Verweilen. Günstiger ist hier die Dampferroute.

Dervio, 44 km, befindet sich an der Einmündung des reizvollen *Valvarrone*. Auf recht guten Bergstraßen kann man über *Vestreno* (587 m) und *Tremenico* (739 m) bis zu dem prächtig gelegenen *Rifugio Roccoli Lorla* (1470 m) hinauffahren (18 km). Von der Schutzhütte hat man noch einen etwa dreistündigen Aufstieg zum Gipfel des *Monte Legnone* (2610 m, herrliches Panorama).

⌂ „Prealpi", „Stazione".
△ „Europa", am See.

Bellano, 48 km, ist ein schön gelegener Ort am Ausgang des *Valsassina*-Tales, das von der *Pioverna* durchflossen wird, die in der tiefen Schlucht (*Orrido*) unweit des Ortes zwei malerische Wasserfälle bildet.
Die großartige Kirchenfassade aus dem 14. Jahrhundert ist ein Werk des *Giovanni da Campione*.

🏨 „Meridiana". ⌂ „Santa Marta", „All'Orrido".

Auf der sehr gut ausgebauten Straße, von der sich immer wieder schöne Ausblicke auf den See bieten, erreichen wir durch mehrere Tunnel an der Mündung des *Val d'Esino* und an der breitesten Stelle des Sees den Ort

Varenna, 53 km. Der Ort liegt inmitten von Zypressen und Blumengärten. Hier gibt es viele malerische Gassen, die abschüssig zum See hinunterführen. Auf einem Felsen (346 m) oberhalb des Ortes steht das Kastell von Vezio (*Torre di Vezio*) und am See die *Villa Monastero* mit weitem Park (mit bota-

Piona-Abtei

nischem Garten). In der Villa finden alljährlich die „Internationalen Kulturkurse" statt.

Besuchen Sie in der Nähe (10 Min.) die 250 m langen Wasserfälle *Fiume Latte* („Milchbach"). Lohnend ist weiter ein Abstecher über *Esino* und die *Panoramica del Lario*, eine großartige Höhenstraße, ins Valsassina (bis *Cortenova*, 30 km).

Autofährverbindung nach *Bellagio* und nach *Tremezzo-Cadenabbia*.

🏨 „Royal", „Victoria". – 🏨 „Olivedo".

Wir erreichen nun den *Seearm von Lecco*, der von hohen Bergen mit kahlen Felsflanken umstanden ist. Über *Lierna* (59 km) treffen wir am Ausgang des *Meria-Tales* auf

Mandello del Lario, 64 km, den Ausgangspunkt für viele Bergwanderungen: zum Gipfel des *Monte Grigna Settentrionale* (2410 m), auf den *Piano Resinello* (1276 m), zur *Elisa-Hütte* (1515 m), zur *Rosalba-Hütte* (1730 m) und zur *Bietti-Hütte* (1719 m). Im Ort befindet sich Italiens größte Forellenzuchtanstalt „De Marchi".

🏨 „Nautilus", „Grigna". — △.

Lecco (58000 Einw.), 74 km, an der Südspitze des Comer Sees und an der *Adda* gelegen, ist ein wichtiger Industrieort. Nur Reste der Stadtbefestigung aus dem 14. Jahrhundert, der *Visconti-Turm* und der *Palazzo del Caleotto* blieben aus früheren Zeiten erhalten. Im *Caleotto-Palast* lebte *Alessandro Manzoni*, der Autor des Romans „Die Verlobten", der in vielen Orten der Umgebung spielt (*Olate, Pescarenico, Acquate*).

Lecco ist ein günstiger Ausgangspunkt für Ausflüge sowie für Berg- und Skitouren: auf den *Pizzo d'Erna* (1375 m;

Lecco

Seilbahn ab *Malnago*); auf den *Monte Coltignone* (1474 m); ins *Valsassina*, eines der reizvollsten Täler in den Südalpen mit vielen Wanderwegen und Wintersportmöglichkeiten (Sessellifte und Drahtseilbahnen, Skiabfahrten, Berghütten).

🏨 „Moderno", „Riviera", „Caviate", „Due Torri", „Croce di Malta".

△ „Del Resegone", Via Filanda 8.

△ „Rivabella", 3 km von Lecco; „Jost-Camping Al Melgone", 7 km von Lecco.

Wir fahren nun am Westufer des Lecco-Seearmes nach Norden. Über *Malgrate* (76 km), das gegenüber von *Lecco* liegt und von dem aus man einen schönen Blick zum *Monte Resegone* (1875 m) hat, erreichen wir

Oliveto-Lario, 90 km. Dies ist der zusammenfassende Name für die Uferorte *Onno*, *Vassena* und *Limonta*, die gemeinsam verwaltet werden. In *Onno* zweigt eine lohnende Höhenstraße ab (9 km), die über *Valbrona* nach *Asso* führt, wo sie im Anschluß an die durch das *Valasina* und über *Madonna del Ghisallo* (754 m) nach *Bellagio* führende Straße findet.

△ 2 Plätze in *Onno*, am See.

Bellagio (3700 Einw.), 97 km, liegt an der Spitze der gebirgigen Halbinsel, die den Südwestarm des Comer Sees vom Lecco-Arm trennt. Wegen seiner herrlichen Lage wird Bellagio auch die „Perle des Lario" genannt. Gehen Sie durch die malerischen Gassen mit ihren engen Treppen und Durchgängen, und versäumen Sie es nicht, die großartigen Villen und Parkanlagen zu besuchen: *Villa Serbelloni* an der äußersten Spitze der Halbinsel (Park mit tropischen und subtropischen Pflanzen; heute Hotel), *Villa Melzi d'Eril* (Azaleen- und Rhododendrenpark), *Villa Giulia* und *Villa Trotti*. Sehenswert ist auch die Kirche *San Giacomo* (12. Jh.). Empfehlenswert sind Ausflüge in das pittoreske Fischerdorf *Pescallo* (20 Min.) und nach *Gorla* (1½ Std.), von wo man sehr gut die drei Seearme überblicken kann. Wer Zeit hat, sollte die folgende Rundfahrt (25 km) nicht auslassen: *Bellagio – Guello – S. Primo* (1121 m) – *Mad. del Ghisallo – Bellagio*.

Autofähren verbinden *Bellagio* mit *Varenna* und *Tremezzo-Cadenabbia*.

🏨 „Du Lac", „Genazzini Metropole", „Grande-Bretagne", „Florence".

🏨 „Roma", „Suisse", „Belvedere", „Fioroni".

△ Conca D'Oro.

61

Asso: „Madonna del Ghisallo"

Lezzeno, 103 km, am westlichen Ufer des Como-Seearmes (*Ramo di Como*) gelegen, lädt zu einer Bootsfahrt zur *Grotta dei Bulberi* ein, die — zwar künstlich erweitert — ein wenig den Eindruck der „Blauen Grotte" von *Capri* vermittelt.

Nesso, 111 km, zieht sich steil den Uferhang an der Mündung des *Val di Nesso* hinauf. In wenigen Minuten erreicht man in einer engen Felsschlucht den großartigen Wasserfall von *Nesso*. Eine interessante Bergstraße führt über *Zelbio* (802 m) und den *Piano del Tivano* nach *Asso* (18 km). Von *Veleso* (828 m) steigt man in 2½ Stunden zum *Monte San Primo* (1685 m), einem bekannten Aussichtsgipfel, auf.

Molina, 117 km, liegt in der gleichnamigen Bucht und ist wegen der *Villa Pliniana* („Haus des *Plinius*") in der auch *Napoleon I.*, *Shelley* und *Rossini* gewohnt haben, bekannt. In dieser Villa befindet sich die schon von *Plinius dem Älteren* und *Plinius dem Jüngeren* erwähnte Quelle, deren Wasserstand sich täglich ändert.

Torno, 120 km, ist ein malerisches mittelalterlich wirkendes Städtchen mit den beiden beachtenswerten Kirchen *San Giovanni* und *Santa Tecla*.

Como (82000 Einw.), 127 km, ist das Zentrum der Seidenfabrikation und Industrieort. Es gehörte bereits unter Kaiser *Augustus* zur *XI. Region* (Militärbezirk), kämpfte als Freistaat zur Zeit *Barbarossas* gegen *Mailand* und ist heute infolge seiner Lage an der Route *Mailand* — *St.-Gotthard-Paß* — *Nordeuropa* ein wichtiges Verkehrszentrum. In *Como* wurden die beiden *Plinius*, die Päpste *Innozenz XI.* und *Klemens XIII.* sowie der Physiker *Alessandro Volta* geboren.

Hauptsehenswürdigkeit ist der 1396 im Stil der lombardischen Gotik begonnene und um 1600 im Renaissancestil vollendete Dom. Der ganz aus Marmor errichtete Bau gehört zu den schönsten Kirchen Oberitaliens. Um die Mitte des 18. Jahrhunderts wurde ihm die 75 m hohe Kuppel hinzugefügt. Im Dom finden Sie Gemälde von *Luini*, *Ferrari* und *Morazzone* sowie Wandteppiche aus *Florenz* und *Flandern*. Links vom Dom steht der *Broletto*, die einstige Gerichtshalle mit Arkaden, Balkonen und Glockenturm. Von dem Bau (13. Jh.) wurden früher die städtischen Kundmachungen an das auf dem Domplatz versammelte Volk verlesen.

In der Nähe des Sees erhebt sich der klassizistische *Tempio Voltiano*, der zur Erinnerung an den berühmten Physiker *Alessandro Volta* errichtet wurde.

Beachtenswert ist ferner die Kirche *Sant' Abbondio*, ein Musterbeispiel des lombardisch-romanischen Baustils.

Eine Drahtseilbahn führt nach *Brunate* (716 m) hinauf, wo sich ein prachtvoller Blick über den See öffnet. Andere Ausflüge: zum *Baradello-Turm* (3 km); nach *Brunate* (9 km); zum *Monte Bisbino* (23 km).

▦ „Metropole e Suisse", „Villa Flori".
▦ „San Gottardo", „Engadina".
▯ „Tre Re", „Firenze", „Minerva".
△ *Via Bellinzona 6.*
▲ „Monte Olimpino", „International".

Cernobbio (8150 Einw.), 132 km, wird als der eleganteste und vornehmste Ort des Comer Sees bezeichnet. Dort liegt am Ufer die von einem schönen Park

Dom von Como

umgebene palastähnliche *Villa d'Este* (erbaut 1568). Die Villa ist heute ein Luxushotel. Von der höher gelegenen *Villa Pizzo* aus hat man auf Stadt, See und Uferorte eine großartige Aussicht. Zum Gipfel des *Monte Bisbino* (1325 m) führt eine 17 km lange Bergstraße.

⚭ ,,Villa d'Este" (Luxus), ,,Regina Olga".

⌂ ,,Miralago", ,,Asnigo", ,,Centrale".

Moltrasio, 136 km, besteht aus mehreren verstreut an den Berghängen liegenden Ortsteilen. In angenehm kühlen Felsenhöhlen befinden sich die Lokale ,,Caramazza" und ,,Crotti". Das Dorf wird – wie auch *Laglio* – von der Staatsstraße bergseitig umgangen.

Argegno, 147 km, ist ein vielbesuchter Sommerfrischenort und liegt an der Mündung des fruchtbaren *Intelvi-Tales*, in dem man nach *Pigra* (881 m) hinauffahren kann. Von dort überblickt man weite Teile des Comer Sees.

⌂ ,,Belvedere", ,,Argegno", ,,Barchetta".

Sala-Ossuccio, 152 km, sind zwei eng beieinander liegende Orte gegenüber der einzigen Insel im Comer See, *Comacina*. Sie war vom 6. bis zum 12. Jahrhundert Schauplatz heftiger Kämpfe. Heute findet am letzten Wochenende im Juni die *Sagra di San Giovanni* (Kirchweihfest) statt. Von Feinschmeckern wird die ,,Locanda dell'Isola", ein charakteristisches Landgasthaus, gern besucht.

Lenno (1600 Einw.), 154 km, liegt nördlich der *Lavedo-Landzunge* in einer windgeschützten Bucht. Von hier fährt man mit dem Boot zur *Punta di Balbianello*, auf der eines der prächtigsten Landhäuser des ganzen Sees, die *Villa Arconati*, steht (Ende 16.Jh.). In *Azzano*,

Punta di Balbianello

unweit von Lenno, wurde am 28. April 1945 *Benito Mussolini* erschossen.

⚿ ,,La Vedo", in Lenno.

,,Villa Carlotta"

Tremezzo (3000 Einw.), 157 km, im schönsten Teil des Seegebiets, dem *Tremezzina*, gelegen, ist ein mondäner Ferienort. Von den vielen Villen ist die bekannteste und am meisten besuchte die an der Uferstraße stehende *Villa Carlotta*. Sie wurde am Beginn des 17. Jahrhunderts erbaut und enthält neben anderen Kunstwerken von *Thorvaldsen* den Fries ,,Alexanderzug" und von *Canova* die Plastik ,,Amor und Psyche". Sehenswert ist der terrassenförmig angelegte Park mit seltenen Pflanzen. (*Geöffnet täglich von 8.30 bis 18.30 Uhr; Eintrittsgeb.*).

⚭ ,,Tremezzo".

⚭ ,,Roma", ,,Brentani", ,,Plinio".

⌂ ,,Lavedo", ,,Grifo".

⚿ ,,Valle degli Ulivi" in *Bolvedro*.

Cadenabbia, 158 km, liegt in schöner Umgebung gegenüber von *Bellagio* und ist mit *Tremezzo* durch eine baumbestandene Allee verbunden. Eine Autofähre führt nach *Bellagio* und weiter nach *Varenna*. *Verdi* wohnte längere Zeit in der *Villa Margherita*; der Dichter *Longfellow* soll in Cadenabbia zu mehreren seiner Werke angeregt worden sein. Bekannt geworden ist der Ort auch durch die Ferienaufenthalte des ehemaligen deutschen Bundeskanzlers *Dr. Konrad Adenauer*.

⚭ ,,Bellevue", ,,Rodrigo".

⚭ ,,Britannia Excelsior", ,,Belle Isole".

⌂ ,,Beau Rivage", ,,Villa Gina", ,,Vittoria", ,,Eden".

Menaggio, 162 km, siehe Seite 58.

Register

Acquarossa 35
Airolo 27
Agno 55
Agnuzzo 55
Alpe Neggia 17
Angera 50
Aquila 34
Arbedo 29
Argegno 63
Arona 50
Ascona 15

Basodino 43
Baveno 48
Belgirate 50
Bellagio 61
Bellano 60
Bellinzona 29
Biasca 28
Bignasco 42
Bironico 37
Bissone 57
Borromeische Inseln 49
Bosco-Gurin 42
Brione 39
Brissago 46
Brissago-Inseln 46
Broglio 43
Brusimpiano 54
Brusino-Arsizio 54

Cadenabbia 63
Cadenazzo 37
Cama 31
Camedo 45
Campione d'Italia 57
Campo 42
Cannero 47
Cannobio 47
Capolago 53
Carena 37
Carona 24
Caslano 55
Cavigliano 44
Centovalli 45
Cernobbio 62
Cevio 41
Cimetta 15
Claro 29
Colico 60
Collina d'Oro 24
Comer See 58
Como 62
Corzoneso 35
Cremia 58
Curaglia 33

Dervio 60
Dino 23
Disentis 33
Ditto 36
Domaso 59
Dongio 35

Faido 28
Fosana 17

Fusio 43

Gandria 52
Gentilino 24
Ghiffa 47
Giornico 28
Giubiasco 37
Gordola 38
Gravedona 59
Grono 31

Hinterrhein 30

Indemini 17
Intra 47
Ispra 50

Lago Maggiore 46
Lamone 37
Laveno-Mombello 51
Lavertezzo 38
Lecco 61
Leggiuno 50
Lenno 63
Lezzeno 62
Locarno 12
Lodrino 29
Losone 16
Lostallo 31
Luganer See 52
Lugano 18
Luino 51
Lukmanier-Paß 34

Maccagno 51
Madonna di Ponte 46
Magadino 51
Maggia 40
Magliaso 55
Magliasina 55
Mailand 25
Malcantone 22
Malvaglia 35
Mandello del Lario 61
Melano 53
Melide 56
Menaggio 58
Mendrisio 23
Mergoscia 39
Meride 23
Mesocco 30
Mezzovico 37
Minusio 36
Molina 62
Moltrasio 63
Monte Brè 21
Monte Ceneri 37
Monte Generoso 21
Monte Lema 22
Monte San Salvatore 21
Morcote 56
Musso 58

Negrentino 34
Nesso 62
Nufenenpaß 27
Oggebbio 47
Oliveto-Lario 61
Olivone 34

Osogna 29

Palagnedra 45
Pallanza 47
Paß Monte Ceneri 37
Peccia 43
Piona-Abtei 60
Platta 33
Poiana 54
Ponte Tresa 21
Porlezza 52
Porto Ceresio 54
Porto Ronco 17
Porto Valtravaglia 51
Prato 43
Pura 55

Rezzonico 58
Rivapiana 15
Riva San Vitale 54
Rodi-Fiesso 27
Ronco 17
Rossa 32
Roveredo 32
Rovio 53

Sala-Ossuccio 63
San Bernardino 30
San-Bernardino-Paß 30
San Bernardo 17
San Martino 23
Santa Catarina del Sasso 48
Santa Maria 34
Santa Maria di Calanca 32
San Vittore 32
Serpiano 23
Sessa 22
Sesto Calende 50
Soazza 31
Sonogno 39
Sorico 59
Sornico 43
Splügen 30
Spruga 44
St.-Gotthard-Paß 27
Stresa 49

Taverne 37
Tegna 44
Tesserete 22
Torno 62
Tremezzo 63

Val Bavona 42
Val Blenio 34
Val Calanca 32
Val Colla 22
Val d'Isone 37
Val di Campo 41
Val Lavizzara 43
Valle Leventina 27
Valle Maggia 40
Val Mesocco 31
Val Onsernone 44
Val Verzasca 38
Varenna 60
Verscio 44
Vogorno 38